金銀器

新丛书
执行主编／贺云翔

廖望春 著

CHINESE HISTORICAL
RELICS SERIES,
GOLD AND SILVER WARE

飞天出版传媒集团
甘肃文化出版社

U0628743

图书在版编目(CIP)数据

中国文物小丛书. 金银器 / 朱启新主编；廖望春著. ——
兰州：甘肃文化出版社，2012.12
ISBN 978-7-5490-0394-5

Ⅰ. ①中… Ⅱ. ①朱… ②廖… Ⅲ. ①文物—基本知
识—中国 ②金银器(考古)—基本知识—中国 Ⅳ. ①K87

中国版本图书馆 CIP 数据核字(2013)第 000808 号

金银器

廖望春 | 著

责任编辑 | 何荣昌
责任校对 | 张莎莎
装帧设计 | 陈晓燕

出版发行 | 甘肃文化出版社
网　　址 | http://www.gswenhua.cn
投稿邮箱 | press@gswenhua.cn
地　　址 | 兰州市城关区曹家巷 1 号 | 730030(邮编)

营销中心 | 王　俊　贾　莉
电　　话 | 0931-8454870　　8430531(传真)

印　　刷 | 三河市明华印务有限公司
开　　本 | 787 毫米×1092 毫米 1/32
字　　数 | 107 千
印　　张 | 5.125
版　　次 | 2014 年 12 月第 1 版
印　　次 | 2017 年 10 月第 2 次
书　　号 | ISBN 978-7-5490-0394-5
定　　价 | 28.00 元

　　人类在漫长的历史进程中创造了无数的文化财富，保存到今天的物质形态，被我们称之为"文物"，实际上就是"文化遗物"，广义上可以称之为物质形态的"文化遗产"，它与非物质形态的文化遗产共同构成了人类的文化遗产体系。

　　包括"文物"在内的文化遗产是人类进行现代化建设的基石，具有重要的科学研究、历史教育与见证、艺术欣赏与创作、文化传承建设与文化多样性发展、情感认同与良好情操培育、经济开发特别是文化产业及旅游业开发、生态文明建设与可持续发展等广泛价值，因而受到各国政府和民众的高度珍惜、保护与认知。然而，"文物"作为历史的产物，毕竟与今天的生活环境、语境等有着较大的差异，没有专门的知识和概念理解，我们很难把它融入到现代社会生活和文明建设活动中，为此，学习和普及文物知识成为当代文化教育和创新思维训练的重要任务之一，同时也是实现文化遗产现代价值的必要途径之一。

　　中国是一个有着百万年历史的文化大国和5000年文明历史的文明古国，中国文物可谓博大精深，知识体系浩瀚广阔。面对当前正在建设社会主义文化强国的历史性任务，为了有利于广大青少年学生和社会上的非专业人士学习和掌握文物知识，甘肃文化出版社与南京大学文化与自然遗产研究所合作，组织编写《中国文物小丛书》，按照文物的特质或功能特征及逻辑发展结构，分门别类地对"文物"及相关知识进行梳理，再编写成书，逐步出版。希望这套丛书对普及文物及文化遗产知识，提升阅读者对中国古典文化和中国文明体系的认知水平，培育文物艺术欣赏能力，汲取深广的文化营养并作用于文化传承与文化创新事业有所贡献。

中国还是一个有着悠久的文物研究传统的国家。至少从北宋开始，就已形成了文物研究的专门学科——金石学；大约在19世纪初叶，从西方国家又传入了现代考古学。一代又一代的金石学家、考古学家、文物学家以自己的辛勤劳动与杰出智慧，为我们今天编写这套丛书提供了大量可供参考引用的基础性研究成果。在此，我们向他们以及相关成果的原出版机构表示衷心感谢！在丛书编写过程中，原文物出版社《文物》编辑部主任、文物研究专家朱启新先生付出了巨大心力，我们对他表示深切的敬意！我们还要感谢甘肃文化出版社给予中国文物学术事业及文物知识推广普及事业的热情投入！感谢南京大学考古与艺术博物馆、南京大学考古学资料室及南京大学图书馆、中国社会科学院考古研究所资料室等给予我们的编写工作所提供的大力支持！

是为序。

2013年4月8日写于南京大学文科楼

目录 | Contents

金银材料的性质、使用、制作、分类

古代金银器物赏析

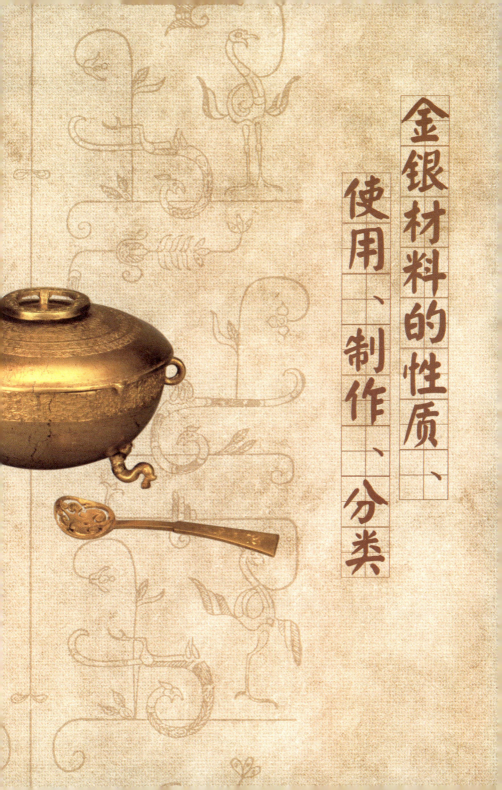

金银材料的性质、

使用、制作、分类

一、金银材料的基本性质

在众多金属材料中，铜、金、银是最早被发现和开发利用的金属，其中金、银是近代制造首饰、贵金属器皿和货币的重要原材料。

金、银都是IB族的金属元素，元素符号分别为Au、Ag。（见下图元素周期表）

元素周期表(Periodic table of (chemical) elements)

图例：碱金属　碱土金属　镧系元素　锕系元素　过渡金属　主族金属　类金属　非金属　卤素　惰性气体

气体　液体　固体　合成元素　未知元素

1 氢 H 1.0079																	2 氦 He 4.0026
3 锂 Li 6.941	4 铍 Be 9.012											5 硼 B 10.811	6 碳 C 12.011	7 氮 N 14.007	8 氧 O 15.999	9 氟 F 18.998	10 氖 Ne 20.17
11 钠 Na 22.989	12 镁 Mg 24.305											13 铝 Al 26.982	14 硅 Si 28.085	15 磷 P 30.974	16 硫 S 32.06	17 氯 Cl 35.453	18 氩 Ar 39.94
19 钾 K 39.098	20 钙 Ca 40.08	21 钪 Sc 44.956	22 钛 Ti 47.9	23 钒 V 50.9415	24 铬 Cr 51.996	25 锰 Mn 54.938	26 铁 Fe 55.84	27 钴 Co 58.9332	28 镍 Ni 58.69	29 铜 Cu 63.54	30 锌 Zn 65.38	31 镓 Ga 69.72	32 锗 Ge 72.5	33 砷 As 74.922	34 硒 Se 78.9	35 溴 Br 79.904	36 氪 Kr 83.8
37 铷 Rb 85.467	38 锶 Sr 87.62	39 钇 Y 88.906	40 锆 Zr 91.22	41 铌 Nb 92.9064	42 钼 Mo 95.94	43 锝 Tc 99	44 钌 Ru 101.07	45 铑 Rh 102.906	46 钯 Pd 106.42	47 银 Ag 107.868	48 镉 Cd 112.41	49 铟 In 114.82	50 锡 Sn 118.6	51 锑 Sb 121.7	52 碲 Te 127.6	53 碘 I 126.905	54 氙 Xe 131.3
55 铯 Cs 132.905	56 钡 Ba 137.33	71 镥 Lu 174.96	72 铪 Hf 178.4	73 钽 Ta 180.947	74 钨 W 183.8	75 铼 Re 186.207	76 锇 Os 190.2	77 铱 Ir 192.2	78 铂 Pt 195.08	79 金 Au 196.967	80 汞 Hg 200.5	81 铊 Tl 204.3	82 铅 Pb 207.2	83 铋 Bi 208.98	84 钋 Po (209)	85 砹 At (201)	86 氡 Rn (222)
87 钫 Fr (223)	88 镭 Ra 226.03	103 铹 Lr 260	104 鑪 Rf (261)	105 𨧀 Db (262)	106 𨭎 Sg (263)	107 𨨏 Bh (262)	108 𨭆 Hs (265)	109 䥑 Mt (266)	110 鐽 Ds (269)	111 轮 Rg (272)	112 Uub (277)	113 Uut 284	114 Uuq 289	115 Uup 288	116 Uuh 292	117 Uus unknow	118 Uuo 294

镧系	57 镧 La 138.905	58 铈 Ce 140.12	59 镨 Pr 140.91	60 钕 Nd 144.2	61 钷 Pm 147	62 钐 Sm 150.4	63 铕 Eu 151.96	64 钆 Gd 157.25	65 铽 Tb 158.93	66 镝 Dy 162.5	67 钬 Ho 164.93	68 铒 Er 167.2	69 铥 Tm 168.934	70 镱 Yb 173.0
锕系	89 锕 Ac 227.03	90 钍 Th 232.04	91 镤 Pa 231.04	92 铀 U 238.03	93 镎 Np 237.05	94 钚 Pu 244	95 镅 Am 243	96 锔 Cm 247	97 锫 Bk 247	98 锎 Cf 251	99 锿 Es 254	100 镄 Fm 257	101 钔 Md 258	102 锘 No 259

（一）金银材料的理化特性

1. 金的理化特性

金具有优良的延展性能，在冷加工过程中，可以不用中间退火连续加工。在贵金属中，金具有弹性模量最低、体积模量与切变模量的比值最高、退火态的抗拉强度最低的特点。其延伸率最高可达39%，抗拉强度为23千克/平方毫米，1克纯金可拉成3420米长的细丝。金的机械强度较低，延伸率较高而易于加工，特别易于加工成金箔。在低于其熔点以下的温度，各种压力加工方法都可以采用。

2. 银的理化特性

银在地壳中的含量相比较少，被人类认识和使用的历史仅次于金。银的原子量107.8682，密度10.53克/立方厘米（20摄氏度），熔点960.8摄氏度，沸点2213摄氏度，反射率91%，电阻率1.586×10^{-8}欧米伽·米（20摄氏度）。其对可见光的反射率较高，因而具有银白色的亮丽外观。很小的电阻率使银具有最好的导电性。此外，银还具有很好的柔韧性和延展性，其延展性在所有金属中居第二位，仅次于金，能压成薄片，拉成细丝。1克银可以拉成1800米长的细丝，银丝的直径可细到0.001毫米。纯银热加工温度在600~800摄氏度，纯银也可以碾成最厚为0.025毫米的银箔。

银的化学性质较稳定，在常温下不与氧发生氧化反应，但有臭氧存在时易被氧化。氧化后形成的氧化银亦不稳定，当加热至300℃，氧化银会分解成金属银和氧。银还会与硫化氢发生反应生成硫化银。两者都可以通过双氧水来还原。

银不与有机气体及惰性气体反应，不溶于还原性盐酸，但银溶于具有强氧化性的硝酸和热硫酸。后一特性还被用于银合金下脚料的提纯过程中。银在碱水溶液和无络合剂存在的熔融苛性碱中有良好的耐蚀性。银与汞可生成银汞齐（古代镀银、鎏银常用的中介剂）。

银的化学性质非常活泼，其在空气中熔融时，能够吸收等于自身体积21倍的氧气，吸氧后银的熔点降低，在冷凝时这些氧气被释放出来成沸腾状，俗称银雨。所以，在宋代生产的很多银铤上经常可以看见很多孔洞。此外，在贵金属中银的蒸气压最高，在冶金熔炼过程中挥发非常明显。

金、银所具有的较低的硬度、优良的延展性等特点，使得传统金银细金工艺得以实施和完成。

（二）金银材料的赋存状态

金银这两种贵金属材料在地壳中的丰度含量很少，而且分布较散。在自然界中，金在地壳中的丰度含量仅为 $5 \times 10^{-7}\%$，银在地壳中的丰度含量为 $1 \times 10^{-5}\%$。

表1　贵金属在地壳中的含量表

元素	银	钯	铂	金	铑	铱	钌
含量/克/吨	0.1	0.01	0.005	0.005	0.001	0.001	0.001

在自然界中，金大多数呈单质形态产出，如狗头金，少数呈碲金矿、碲金银矿的化合物形态产出；银的化学性质活泼，在自然界中几乎不见单质形态的银存在，多是以化合

物的形态产出，银矿中最多见的化合矿物是辉银矿、硫铜银矿、角银矿、银金矿、银铅锌矿、银铜矿等。

二、金银材料的发现与使用

（一）金银的发现和利用

在国外，最早发现和使用黄金的人是两河流域的苏美尔人和红海边的古埃及人。考古工作者在一件4500多年前的古埃及雕刻上发现了"金"的象形文字。古埃及人信仰太阳神。黄金有太阳一般的光芒，象征着永恒，并与权力和财富建立了某种自然的联系，因而受到崇拜。所以，古埃及的黄金制品特别多，如法老图坦卡蒙的金棺和金面罩等。恺撒大帝率领罗马军队征服埃及时，从埃及夺走了2822个金冠，每一个金冠重达8公斤，共计22.58吨，数量惊人。

中国已经确定的最早的黄金制品是甘肃玉门火烧沟夏代墓葬（前1600年）出土的金耳环和金鼻饮。

秦汉时期，黄金被做成各种器物，包括器皿和货币，以及一些小型雕塑如金兽、金麟趾、金饼、金铢等。

魏晋时期，受到西渐之风影响，在丝绸之路的周边地区，相继发现了不少件黄金制作的首饰，但是器皿依旧很少。货币主要是从丝绸之路通过商贸方式流入中国的罗马金银币等货币。

隋唐时期，由于受到波斯萨珊文化的影响，出现了大量的黄金器皿，其中既有日用饮食器皿，也有专门供养佛祖的供养器，同时也有一些首饰。

到宋元时期，黄金的使用范围更广了，不仅被用作器具，而且被用作首饰、货币，甚至还被用到其他器物上作为一种装饰材料。

明清时期，黄金又回到社会上层的手中，黄金器物成为明清皇室贵族的御用器物，而白银则真正走入了民间。

（二）白银的发现和使用

由于银的性质较为活泼，常与铜、铅等形成化合物，并以辉银矿、银金矿、银铅矿等形态存在。自然界中几乎没有单质形态存在的银，因此银冶炼提纯的难度较大，这个问题在唐代以前都没有得到很好的解决。所以汉唐以前的银只是少量应用在货币的制造中。春秋晚期，楚国人最早使用银铸币。1974年，在河南扶沟古城村发现了18枚长方形的铲状银布币，经专家确认这些银币铸于春秋的中晚期到战国早期的时段内，是我国迄今为止发现的最早的银币实物。此后秦始皇统一币制时，曾规定黄金为上币，白银为器饰，不得作货币。到汉武帝时，白银又被做成货币，但只能在一定阶层和领域中流通。此时的银币分为三品：铸龙纹，圆形银币，值三千钱；铸马纹，方形银币，值五百钱；铸龟纹，椭圆形银币，值一百钱。在西汉末年王莽的币制中，黄金论斤，白银称流，两者的价值分别为"黄金重一斤，值万钱。朱提银重八两为流，值一千五百八十。它银一流值千"。尽管在西汉晚期和王莽时期，白银一度成为货币，但实际上白银当时主要用于宫廷赏赐，并未真正用在社会中流通。据学者们考证，当时赏赐中的金、银只是商品价值的一种表现形式而已。到东汉时，以金银作为货币的情况逐渐减少，同时用金银制作首饰的情况却在明显增加。到唐代，据日本学者加藤繁的研究，白银被做成器物、铤锭，并作为赠礼和贿赂的现象越来越频繁。唐末五代，币制混乱，币值不稳，更增强了白银取代铜钱的趋势。宋代大体延续了唐代的情况，大宗交易时往往使用金银，北宋中晚期到南宋末期，官府征收赋税以及地方向中央上交赋税均使用白银，甚至皇帝的赏赐和给大臣军兵所发的薪俸中有一部分也是白银。与宋同时代的金基本采用了宋代的经济制度，并让白银成为法定的流通货币。目前已发现了金章宗承安二年（1197年）铸造的"承安宝货"银锭，从一两（币值为以一两当铜钱两千）到十两，共分五等，作为大额货币使用。这是自汉武帝以来，第一次由官府铸造的法定计量货币。此时白银货币的出现是为了应付交钞的泛滥和铜钱的严重匮乏。在此之前白银一直都是称量货币，使用起来十分麻烦。自从金代的"承安宝货"标明了币值，有五个不同档次，体现了白银作为货币的价值尺度功能，它们在使用时就不再需要称量而可以直接使用，较之以前方便许多。这开创了白银记值货币的先河。到元代，白银成为名副其实的通货。百姓间的借贷、日常交易甚至劳务报酬的支付都可以用银计价，并出现了银元宝。

三、金银材料的制作与工艺

金银是稀有、贵重的金属材料，它们具有耐酸碱、耐腐蚀等特性。我们常讲的金银工艺一般是指以贵重金属黄金和白银为基本原料，通过各种工艺形式加工成器皿或者变成其他器皿中的装饰部分或饰件。所以，从这个角度上说，金银工艺可以分为金银器制作工艺和金银装饰工艺，前者是专门应用在金银器的制作和加工上的各种工艺技术，后者是把金银用于金银器以外的其他材质的器物上，以起到画龙点睛装饰作用的各种工艺技术。在中国金银工艺发展的过程中，这两类工艺技术是并行发展的。

（一）夏商周时期的金银工艺

商代和西周时期，金银器物的出土数量较少，工艺较为简单，主要是打箔技术、拉丝技术，还有金平脱技术和铸造技术。商代，在中原地区和西南地区主要流行的是打箔技术。在安阳殷墟和四川三星堆及金沙遗址中都发现了大量薄到0.1毫米厚的金箔制品。受北方草原文化影响长城内外地区出现了用捶揲和拉丝技术打制的金银鼻饮和耳环之类的饰品。此外，这一地区的北京琉璃河西周燕国墓中出土的一件漆器上，有三道金箔饰和绿松石、蚌片等镶嵌品，它是最早的金平脱制品。到西周时期，发现有条状、圆形、三角形的金片以及包在铜胎上的金泡等。由于此期青铜工艺发达，受到青铜铸造工艺的直接影响，也出现了铸金工艺，一般采用陶范铸金。西周晚期出现了纯金制成的金腰带。

早期的金银工艺技术脱胎于青铜工艺技术，如铸金工艺脱胎于铸铜工艺，错金银工艺最早是铜器上使用的金银装饰工艺。随着时间的推移，金银工艺逐渐脱离青铜工艺，发展成了一个独立的工艺门类，进而出现了用金银制作的工艺品。

（二）春秋战国、秦汉时期的金银工艺

春秋战国时，人们掌握了铸造、锻打、雕镂、錾刻、镶嵌等加工工艺。此时，中原地区出现了很多用此类金银工艺制作而成的金银器饰。如安徽寿县蔡昭侯墓出土的春秋时期的"楚王银匜"，呈瓢状，敞口圆唇，深腹平底，通体光素，腹部錾刻铭文。铭文字迹娟秀，錾刻工艺极精。山东曲阜鲁国故城遗址出土的"猿形银饰"，以纯银铸成，又采用贴金技法，突出了前臂、背、尾的光润外形，蓝色料珠嵌成的眼球，赋予银猿以逼真的神态，料珠、金银相互映衬，使银饰更富生气。河南辉县固围村5号战国墓中出土的"包金镶玉嵌琉璃银带钩"，琵琶形，底为银制，上面包覆金质浮雕，两侧两夔龙与两凤鸟相盘绕，钩端为白玉制兽头形，中部镶三块白玉璧。这是一件战国时期有代表性的金银工艺精品。湖北随州擂鼓墩战国曾侯乙墓出土了早期的金盏和金勺。其中的金盏是我

国现知的先秦金器中最大、最重的一件容器。方唇折沿厚壁，凤形足及双耳，盏体、盏盖上分别铸有姿态各异的蟠螭纹，其间穿插云纹及陶纹。金盏运用了铸造和焊接工艺，代表了先秦时期器皿类黄金工艺的最高成就。陕西宝鸡益门春秋时期的秦墓及凤翔秦国墓葬中出土了相当数量的金制品，其中的金柄铁剑代表了战国晚期金银制作工艺的水准。

同一时期，在北方鄂尔多斯高原的匈奴文化中，金银器也异常丰富，其制作工艺令人叹为观止，具有浓烈的草原文化气息。其中在内蒙古杭锦旗阿鲁柴登匈奴墓出土的"鹰形金冠顶、金冠带"，是迄今为止我国发现的唯一的金"胡冠"。冠顶雄鹰双翅平展，鹰头微俯，傲视下方。冠身、冠带大量运用动物纹饰，冠顶球面浮雕狼吃羊图案。这件冠饰制作时运用了铸捶、錾镂、镶嵌等手法，充分展示了制作者娴熟而高超的技艺。这说明春秋时期金银材料的加工技术手段日益成熟，金银工艺逐渐走向脱离青铜工艺而独立发展的阶段。

秦汉时期，金银工艺继续向前发展。秦

朝虽时间不长，但也发现了一些金银制品，如在秦陵铜车马件上发现了一些镶嵌金银的制品。值得一提的是，秦始皇三十三年时制造的一件鎏金刻花"银盆"是迄今为止发现的唯一的秦代银器。全器铸造成型，满身錾刻纹饰，并用鎏金工艺，使鎏金纹饰与银质素地形成鲜明的对比，显得异常华丽。汉代开始，由于南北文化交流和中西文化融合，金银工艺得到了新的发展，除了早前脱胎于青铜工艺的范铸工艺外，还吸收了捶揲工艺、雕镂工艺、焊接工艺、焊缀金珠的工艺、编累工艺、镶嵌工艺及鎏金工艺。西汉时黄金大规模地进入社会生活，皇帝行赏多用金银计数。东汉时，花丝工艺逐步开始发展。东汉初年广陵王刘荆之墓、西汉中期满城刘胜墓、刘畅墓等墓中所出土的金银器成为两汉时期金银工艺的典型代表。这些金银器做工十分精美，又采用了一些新的工艺技法，如掐丝、炸珠、焊接等，其中一件"掐丝金龙"的制作受到了中亚金银加工技术的影响。

（三）三国两晋南北朝时期的金银工艺

三国两晋南北朝时期，金银工艺进一步受到南北文化融合和中西文化交流的影响，又得到更进一步的发展。此时所出实物多以饰物为主，容器较少见，还有少量的货币。其中有很多饰物和货币是通过丝绸之路传入的。此时中亚、西亚的金银器制作工艺和器形已明显影响了我国金银器的生产和使用方式。如南京象山七号墓出土的金银等质地的装饰品金铃、金环、金钗、银钗，等等。

（四）隋唐五代时期的金银工艺

隋唐五代时期，受到中亚和西亚金银工艺文化的影响，出现了一些新的工艺。如模冲捶揲工艺，何家村舞马纹提梁银壶是以事先做好的底模捶揲而成的，正仓院鹿纹葵花形银盘的盘沿上有六组完全相同的花纹，也是用模具捶揲出来。唐代金银箔片作辅助装饰的工艺非常发达，工艺水准很高，其中最典型的就是金银平脱工艺。唐代的金银平脱镜、某些漆器上的金银平脱花纹，就是利用极薄的金银箔片作为装饰的。唐代法门寺的银芙蕖就是用银箔片制成的，内外三层，共十六瓣，翻卷的荷叶薄如纸，稍受震动就可摇摆，可见当时唐代打箔技术和捶揲技术的高超之处。

唐代金银工艺中捶揲法使用较多，因为捶揲法制造的器物要比铸造耗用材料少，也不像铸造那样需要多人分工合作，故在质地较软的金银器制作中极为盛行。捶揲工艺不仅被用在金银器皿的造型中，还被用在纹样中形成了浮雕式的作风，摆脱了平面装饰的单调感，使器物形制丰富多变。

唐代金银器中出现了很多金花银器，这说明当时鎏金工艺相当发达。唐以前的鎏金工艺已经十分成熟，但被大量用在铜器的装饰中，而且当时的工艺名称不叫鎏金而叫金涂。唐代时鎏金工艺才真正成为银器上的一种装饰工艺，分为通体鎏金和局部鎏金两种。通体鎏金的银器和铜器看上去和金器相同，鎏金的薄层对容易氧化的白银表面起到了一定的保护作用，只有在显微镜下才能看清器物凹陷处的汞齐和鎏金表面结合处的性状，所以有时会被误认为是金器。局部鎏金在唐代银器中最为常见，一般只有花纹部分鎏金，故称"金花银器"。法门寺考古中发现的《法门寺物账》中有"银金花合""银金花盆"等。这种局部鎏金还可分为两种工艺方法，一是刻好花纹再鎏金，二是鎏金后再刻花纹。前者流行于唐朝前期，后者多见于中晚唐时期。东晋时从西域传来的掐丝工艺在唐代又有了新的发展，产生了金银织工艺，如法门寺出土的金丝银笼子就是用细细的金银丝编织而成。此外，唐代出现了掐丝与焊缀金珠相结合的工艺，如陕西咸阳贺若氏墓出土的金耳坠、金梳背。唐代金银器的制作工艺也采用了铆接、链接工艺。铆接时接件和主体间凿出小孔，用穿钉钉牢，是器把、提梁常用的手法。如齐国太夫人提梁银壶腹部的铆钉。唐代的蛤形银盒同时应用铆钉固定和铰链连接的技术。

（五）辽宋金元时期的金银工艺

从唐至宋，金银制造业进一步发展，金银器作为商品开始了世俗化的过程。宋元金银工艺在唐代工艺的基础上有所创新和发展。如唐代出现的施用在盘沿上的模压工艺，在宋代被用在器物造型上，产生了很多样式复杂的象生花形器、象生桃形器。溧阳宋代金银器窖藏中发现的桃形杯即是一例。再如江苏吴县吕师孟墓出土的"如意形金盘"，沿正方形对角线方向分布，外形沿"S"线波状变化，呈如意翻卷之势，整体如一朵盛开的花朵。这种相互交叠的如意造型纯用手工捶揲是很难完成的，必须辅以一定的模具先定型。当时，在模压工艺的技术基础上，还产生了套胎夹层工艺，制作了有内外胆的夹层金银杯盏。这种工艺是宋元时期特有的金银工艺。它既满足了美观的需要，又满足了实用的需求。另外模冲捶揲工艺在这一时期也得到了发展，宋元时期的很多器物上都出现了高浮雕凸花装饰。如福建泰宁窖藏中出现的瑞果纹盘，盘心出现高凸的荔枝、柑橘、石榴瓜果纹样，这些纹样都是利用模冲捶揲工艺做好后，再通过焊接工艺与盘合为一体的。此外，宋元时期金银的失蜡铸造工艺发展到极致，元代朱碧山银槎杯就是一个典型的例证。

其一流的雕蜡及分件焊合技艺，不留痕迹，浑然天成，体现了元代铸银工艺的最高水平。此外，云南大理发现的金翅鸟形金饰体现了当时南诏、大理等少数民族地区的金银工艺水准。辽代陈国公主墓发现的用金丝编织成的驸马金冠也是此时花丝工艺的杰出代表。

（六）明清时期的金银工艺

明清时期的金银工艺主要是宫廷中用的金银制器工艺和白银制币时所用的提纯和压印工艺。明代金银工艺最突出的成就是与黄金有关的制作工艺，一是黄金镶嵌工艺，一是黄金的花丝工艺。花丝工艺中包含掐丝、累丝、编织等，形成了完整的花丝工艺体系。明代定陵出土的万历皇帝的"金丝冠"，编织时所用的金丝纤细如发，且分布均匀，连接紧密。累丝盘龙由冠后盘旋而上，四肢前后交错，龙爪攀着于冠体之上，极具动态。定陵出土的"镶珠点翠凤冠"，显示了明代金银镶宝制作工艺的水平。此外，江西南城明益王朱佑槟夫妻合葬墓出土的"金凤钗"也是用极细的金丝掐编的。凤羽及尾部层层重叠，颇显厚重，掐丝工艺精湛，表现了富华贵于单纯的精致之美。清代宫廷的金银工艺趋向于华丽、繁琐，工艺虽精细，但缺乏单纯、高雅的韵致。此外，瓷器中的描金工艺使用得越来越多。

四、金银器物的功能与分类

（一）金银器物的历史功能

历史上，金银材料的用途一直在不断地扩展和变化。商周至秦汉时期，金银最主要的用途是货币和装饰。商代的"银贝"，战国时期楚国的货币"金郢爰""金蚁鼻钱"等是早期金银货币的实证。匈奴人的头冠和带钩等黄金制品及战国中山王墓中发现的错金银兆域图铜版，都是此期金银装饰功能的体现。这一时期，金银还被用来制作器皿和玺印，如战国曾侯乙墓中发现的金器皿、汉代金兽、汉代滇王金印等。

魏晋南北朝时期，金银最主要的用途也是货币和装饰，但受到从丝绸之路传入的外域文化的影响，经由新疆和河西走廊地区传入的罗马金银币在历次考古中屡屡被发现。它们在当时除了具有一定的货币流通功能外，还被人们打孔当做一种装饰品佩戴。此外，新疆地区出土的镶绿松石的皇冠形戒指、南京东晋墓葬中出土的金珰饰等都是其装饰性的体现。东汉末年，佛教开始传入中国，佛教在最初传入时就与金搭上了关系（金人入梦的故事），本土的黄老之术在求长生不老之时，会用到金承露盘等金器物。在更早前的时期，萨满巫师会佩挂和使用金铃之类的器物。所以黄金在此时就被赋予了很强的宗教色彩。

经过南北朝的交替变乱，到隋唐时期，金银的主要用途发生了转移，实用功能得到体现。金银材料被广泛用于皇家和显贵的日常生活，作为一种实用器具存在，以显示气派。这既是对战国以来黄金实用之风的发展，也是外域文化影响作用的结果。

由于受波斯萨珊、粟特文化的影响，唐代金银器出现了很多域外器型，如波斯萨珊的长杯和八棱带把杯等。唐初，由于冶银术的发展，使得冶炼自然界中以化合物形态存在的各种银矿成为可能，银的产量大为增加，同时银的经济功能也开始显现，唐代钱庄中以白银为兑换基础的"飞钱"就是其典型例证。但是此时金银的装饰功能并未得到较大的发展，只有少量的金银梳背出土。金银装饰工艺中鎏金工艺发达，这一时期出现了大量的金花银器。由于武则天的提倡，这时金银的宗教色彩更加浓重，金银变成了礼佛的最高境界（舍得、虔诚）的符号表现，在法门寺等遗存中发现的金棺银椁就是很好的例证。

到宋代，金、银材料在使用时有了不同的侧重点，用途也不尽相同。金银材料的宗教色彩，因为佛教自身发展的多种原因，而逐渐减淡。南宋时期的佛塔地宫遗迹很少，其中的金银器物更少。这一时期，金银材料的世俗化功能却比以往任何时候都强，但黄金和白银世俗化的表现却不相同，黄金的世俗化着重表现在其装饰功能和贮值功能上。从考古发现看，宋代除了有金器皿之外，金首饰的出现比率也很高。黄金装饰功能的另一体现是在其他器物上使用的黄金装饰方法比以往更多，装饰用金量更大，以至于宋代政府不得不颁布销金的禁令。此外，在宋代金银窖藏中曾发现金钗上刻有"出门税"字样，而且在杭州及其周边地区出土了大量的被窖藏的金牌、金锭和金叶子，这些发现证明了当时黄金贮值功能的存在。而白银的使用功能表现得较为全面，既有日用器皿的实用功能，又有首饰的装饰功能，还有货币的流通功能。虽然三者看似发展得比较均衡，但是作为货币的流通功能，实际发展得更为突出。宋代时白银从一定阶层使用的称量货币逐渐步入宋代经济生活的核心领域，成为政府收支结算的准货币。这代表了后来白银的一个重要的发展方向，因为白银在明代时终于成为国家的法定货币。除了上述三方面的功能外，宋代金银材料因为与当时的法律和礼俗相结合，还具有一定的文化功能，这是前代所没有的。如金银与女子嫁妆的结合，出现了很多金银镜盒、粉盒、首饰之类的奁产。再如金银与茶酒具和茶酒俗的结合，以及考古发现中出土的成套茶酒具和文献中所载的器具与客人对应的使用方法，都说明了金银在宋代具有一定的社会礼俗功能。

总而言之，宋代金银器的文化特征是：一方面其宗教色彩在不断地减弱和消弭，另一方面其世俗化色彩却在不断地增长和加强，并且金银在进入世俗化社会后，又形成了一些新的文化功能，如社会礼俗功能等。

（二）金银器的分类

根据以上关于金银材料的文化功能简述，结合新中国成立后金银器物出土和传世的实际情况，可将金银器分为如下几类：

宗教类金银器	各种金银舍利装具、法器、供养器等	
实用类金银器	盛食器、贮饮器、盥洗器、药具等	
装饰类金银器	人体装饰物：头冠饰、耳饰、项饰、手饰、腰带（饰）、衣饰等	
	器具装饰物：车马饰、门饰、棺饰、扣饰等	
	空间装饰物：雕塑、各种陈设器等	
货币类金银器	贝、布、饼、铢、刀、铤、锭、条、叶子、元宝等	
玺印类金银器	印章、令符等	

（金银器）

金银，特别是黄金在一开始被人们发现时就与神灵有着某种联系，古埃及人把黄金看成是阿波罗神的象征。在中国北方早期的萨满教巫师的墓葬中也发现一些金铃。在佛经中提到佛国世界都是用金、银、琉璃做成的。唐代以后出现的各种供奉佛舍利的金棺银椁，以及佛教中的大德高僧坐化后留下的肉身舍利要装金的事实。这些都说明了宗教与金银之间的联系，因而宗教类金银器成为金银器分类中一个不可或缺的类别。当金银走下神坛，进入世俗社会时，以其贵重的身份，以它为材料制作的饮食器和盥洗器及药具都非一般人所能用。金银器中最多的一类是装饰类金银器，它可以分为：人体装饰类金银器，如头冠饰、耳饰、项饰、手饰、腰饰、衣饰；器具装饰类金银器，如车马饰、门饰、棺饰等；还有一类特殊的金银装饰品就是空间装饰类金银器，它包括雕塑及各种陈设器，如汉代的金兽。此外，还要提到的就是货币类金银器和玺印类金银器。货币类金银器是指具有货币形态和某些货币功能的金银。玺印类金银器是带指有某种权力象征的小印件和令符类的金银器。下面将根据以上的功能分类，择其典型者分别进行介绍。

古代金银器物赏析

一、古代装饰类金银器物赏析

　　装饰类金银器是古代金银器中最多的一类器物。按照装饰对象可分为人体装饰品、器物装饰品和空间装饰品三类。其中人体装饰品又可以按照装饰部位分为头冠饰、耳饰、项饰、手饰、腰带（饰）、衣饰等。器具装饰品主要为车马饰、门饰和棺饰。空间装饰品主要是摆放在空间中起装饰作用的雕塑或者陈设器具。以金银做装饰品的风俗最早传自在亚欧草原上活动的斯基泰人。游牧民族不断迁移的习惯，致使他们会把最贵重的东西做成装饰品，随身携带。当然，与他们长期相伴的马儿，也享受了这样的优待，出现了马当卢、马鞍具等金银制品。在秦代时还出现了很多精美的车饰件。当这样的车马饰件成套出现在某一个人的墓葬中时，它意味着这个人的身份非同一般。因为这类用贵金属材料制作的装饰品，特别是车马饰、门饰都是一定等级身份的象征。金银首饰则相对宽松些，因为此类物品的使用者多数为女性，这种女性专用的首饰出现在唐宋时期有墓志铭的女性墓葬中。从墓志铭上看，她们的身份多为品官的母亲或妻妾。从宋代的舆服规定看，也只有她们才能享有用金银首饰陪葬的权力。南宋晚期到元代，一些富甲一方的女人，在其墓葬中才能破例随葬一点金银首饰。一开始时，这些首饰大多是纯贵金属首饰，到明代时出现了大量的镶宝首饰和复杂花丝掐丝制品。金银首饰的制作水平越来越高，以致后来明代的金银首饰成了中国首饰史中的绝唱。不仅如此，我们在下面的金银首饰和金银器饰的介绍中，还可以看到许多跨民族、跨文化的金银首饰，了解更多关于它们的有趣知识。

（一）中国古代金银首饰的赏析

首饰原意仅指佩戴在头上的饰品，后意指范围扩大，变成统称，泛指佩戴在人体上的所有装饰品。这一类是金银器物中出现最早、数量最多、延续时间最长的一类器物。首饰最早起源于远古时人们对于巫术即宗教的信仰。当时人们将植物种子、果实，动物羽毛、牙齿等串起来佩戴在身上，形成了最早的首饰用品。后来首饰的用材不断变化，出现了很多不同材质的首饰。金银首饰以其优越的性能和使用的耐久性获得了人们的垂青，成为中国近古社会最常使用的一种首饰用材。

金银首饰，特别是少数民族的黄金首饰最早都是男性的装饰用物，如耳环、鼻饮、金笄等。直到元明时期男子还佩用金带饰、金冠饰等。唐代时女性开始使用像金梳背这样的金饰品。自此首饰就有了性别，它们被人为地分成了男性用饰、女性用饰两大类。男性用饰主要为冠饰、肩饰、带饰、衣饰，女性用饰主要为头饰、耳饰、项饰、手饰等。

1. 男性用饰

在男性用饰中，出现频率最高的就是冠饰及带饰了。下面就从头到脚依次介绍男性身上的金银装饰品。

（1）冠饰

冠饰即冠帽上面的装饰品。古代男性二十岁时用冠，行"冠礼"。古代汉族的冠饰主要是冕、弁和幞头。古代少数民族的冠饰在北魏以前没有明确的规定。只有少数民族的头领才能佩戴冠饰。这些冠饰的形制都不复杂，造型比较粗犷、大方，一般是用黄金制作的，因为它对于族人有着特殊的意义：谁戴上了它，谁就是这个民族的首领。（图1）

知识链接

根据汉·叔孙通《汉礼器制度》中的记载，周代的"冕"由冕板、垂旒、介帻等构成。冕板一般是用有色的布帛包裹木板制成，前后长一尺六寸，横宽八寸，板面为黑色，板底为朱红色，其前方略呈圆形，后为方形，冕板与冠相接之处后高一寸，向前倾斜，有俯倒之势。垂旒前后各有十二条，每条长十二寸，由五彩丝条绳串连玉珠组成。珠与珠间相隔一就（一寸）。据《周礼·夏官》记载，弁的形制上锐小，下广大，一若人之两手做相合状，即一种尖形冠饰，有舜弁、

图1　战国鹰形金冠饰

冠顶高7.3厘米，冠箍周长60厘米，重1.394千克。1972年出土于内蒙古杭锦旗阿鲁柴登。冠饰是由鹰形冠顶和冠箍共同组成的。冠顶下部为用厚黄金片捶打成的半球形的顶盔，顶盔表面用阴线錾刻出狼噬羊的图案，顶上部为一只黄金铸成的鹰，其头部用青金石镶嵌而成，青金石的蓝色与黄金形成鲜明的对比，十分美观、显眼。冠箍是一个金圈和半圈金圈通过十二根小金柱焊连在一起的。冠箍外侧铸刻着三条金丝带组成的编织型图案，两头还铸有怪兽的形象。根据它的出土地点，及当时此地活动的人群，以及冠饰中的鹰，是匈奴人的图腾，且冠顶下部刻有狼噬羊的典型图案，所以断定它为匈奴头领的冠饰。其中"狼噬羊"的图案揭示了草原上弱肉强食的生存法则，展现了匈奴人彪悍的民族性格及对于勇猛者的崇高敬意。

皮弁、韦弁和冠弁等四种。幞头，是古代男子的又一通用帽式。又名帕头、巾、幅巾、折上巾。古代汉族男性留长发，用一块黑色纱、帛、缯或罗，将头发在头顶包裹起来，包得方方正正有棱有角。周武帝时始用皂纱束发，取名"幞头"。后来出现的巾、帻和朝冠，即是这种幞头演变而成的。可见汉族人其实比较喜欢用束发冠或帽子，而不喜欢用金冠。所以发现的汉族金冠很少，但是冕、弁及由幞头发展而来的朝冠中所用的装饰有时为金制的。如下面要讲到的金珰就是一帽饰。

图2　汉时的匈奴金冠饰
　　直径14厘米，宽1.9～4.1厘米。现藏于新疆文物考古研究所。

　　匈奴金冠饰出土于新疆吐鲁番市交河沟西墓地，属于匈奴男子的冠饰，主要使用锤揲工艺，整体由三条扁平的管状金片拼接而成，在管状金片上下方各焊有一组虎噬动物图案作为冠上的装饰，此冠实际为一金箍卡，佩戴时卡套在额头上，类似于今天女子戴的发卡。但当时此冠为匈奴王所带，象征着权力与威严。（图2）

这件金珰出土于辽宁北票市冯素弗夫妇合葬墓。出土时位于墓主人的头部。南京大学校园中发现的东晋墓葬中也出土过类似形制的金珰。准确地说，金珰是自汉代开始就为男子所使用的一种帽饰。在冠帽的正中间使用的装饰品就是金珰。这个金珰为尖角圆肩，镂空花纹雕饰，主体是细金丝和金粟（很小的金珠）焊缀在一起组合成蝉形图案，眼窝处装饰两个灰石珠作为蝉的双眼。它的形状来源于蝉，但有所变形。在古代人们认为蝉有五德，能永生，因此人们把它作为一种装饰符号。金珰的装饰造型趣味极浓。这件金珰集中体现了当时焊缀金珠工艺的最高水平。（图3）

金翼善冠出土于北京昌平区十三陵中的定陵地宫。它是明代万历皇帝的一顶金冠。它以当时乌纱冠帽为蓝本，用纯金丝编织焊接而成，工艺极其精细复杂。金翼善冠主要由前屋、后山、角三部分组成。其每个部分都由金丝编结而成，前屋、后山之间由粗金丝连缀焊接而成，外面用双股金丝编结成辫形条带压缝。两个折角也由金丝编成，下部

图3　十六国·前燕金珰
高7.1厘米，宽6.9厘米。现藏于辽宁省博物馆。

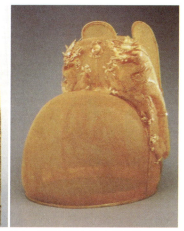

图4　明代万历年间金翼善冠
其后山高22厘米，冠口直径20.5厘米，重826克。现藏于定陵博物馆。

古代金银器物赏析

插入长方形管内，后山上面镶嵌二龙戏珠的浮雕图案。后山下沿还围绕一周卷草纹花边。冠口略呈椭圆形，嵌有金口圈。这顶金翼善冠在制作时采用了传统的掐丝、累丝、码丝、焊接等一系列的精细工艺方法，工艺技巧登峰造极，充分反映了明代黄金细工工艺的高超水平。（图4）

（2）肩饰

肩饰即是戴在肩膀上的装饰物。男子的肩饰较为大且样式简单，不具有代表性。后来只有菩萨和武将身上有肩饰，其他情况下都不用

图5 金肩饰
　　西周晚期至春秋早期。长13厘米,宽11.3厘米,厚0.03厘米。出土时位于墓主人右肩上。

肩饰。但是西周男子的金肩饰却是研究当时舆服制度的一个有趣的样例。（图5）

　　金肩饰为纯金质地,呈圆拱形,正好贴合男子的肩膀。肩饰上缘穿孔大且少,这些穿孔的出现可能是为了将肩饰固定在衣服上的针脚孔。下缘穿孔小且密集,这是连缀其他饰物用的。金肩饰的表面纹饰为对称的神人与神龙相结合的构图。这种设计题材是西周晚期的传统题材,可能是当时周王舆服上的肩饰。

　　（3）带饰

　　带饰即是用于腰间的装饰,也是衣饰的

一种。带饰可分为带钩、带头、带板等。带钩起源于西周，战国至秦汉广为流行，魏晋南北朝时逐渐消失。

带钩就是一端弯曲呈钩状、另一端较为圆滑的钩子，使用时钩在腰带上事先预留好的孔内，以起到束紧衣物的作用。它最早出现于西周晚期，目前所知道的金银带钩出现的最早时间是春秋战国时期。（图6）

图6　秦代银带钩
　　长3.5厘米。出土于陕西西安市临潼区秦始皇陵园。整体呈"S"形，钩首似鸭嘴，钩尾环形与钩身相连。通体素面，光泽感很强，器型别致，功用性极强。

　　带头由钩和环形扣两个部分组成，分别固定在腰带的接头处，使用时将钩钩在扣上就可以了，功能与带钩十分相似，同时跟如今的皮带扣也十分相像。带钩和带扣使用的时间最早可以追溯到春秋时期。那时，北方草原上的匈奴人最早开始使用带钩这种束衣饰物，直至西汉时期带钩才传入中原，成为男性衣饰中的重要组成部分。（图7、图8）

图7　西汉金带钩

　　高2.9厘米，长3.5厘米。出土于江苏徐州市狮子山西汉楚王陵，现藏于江苏省徐州博物馆。钩为鱼龙形，屈体张口，口内吐一长舌，向后弯曲，眼窝处嵌一宝石。主要采用錾刻、焊接的金银工艺，造型奇特，颇具意趣。

图8　鲜卑嵌玉野猪纹金带饰带钩

　　长10.8厘米，最宽6.1厘米，重113克。出土于内蒙古自治区和林格尔北魏墓。玉野猪纹金带饰为铁心包金饰件。钩、扣均以嵌宝石浅浮雕猪纹为主体图案。猪为一雌一雄，作奔跑状。腹侧正中镶嵌一宝石；左右镶嵌月牙形绿松石。猪纹形象逼真，装饰精美，锤制技艺精湛，是艺术性极高的实用品，反映了鲜卑族金饰工艺的高超水平。

图9　明代银鎏金龙首带钩

　　长13.7厘米，重50.8克。出土于北京市房山区大韩继村多宝佛塔内，现藏于首都博物馆。钩首为龙首形，钩身似玉如意。主要采用錾刻、掐丝工艺，器型优美，工艺精湛。

图10　明代錾莲花纹金饰

　　饰长8.7厘米，重82.7克。征集于北京市西城区八里店派出所，现藏于首都博物馆。以錾刻工艺制成，带身呈圆形，镂空莲花纹饰，带有可自由活动的环形圈。主要用于系挂在衣物上。

　　与带钩不同，带板就是装饰在腰部革带上的一块块饰件。它的出现时间晚于带钩，材质上既可以用玉的，也可以用金的，或者用金镶玉也可以。根据带板的大小，一般一条革带上从头至尾需要8至12块带板作为装饰。在唐代舆服制中，规定着不同等级品官的衣着及其相应的带板装饰。基本上是以带板的材质、带銙的多少来区别佩戴者身份的贵贱。此时以金制带板为贵，而且带板的花纹层次十分丰富。（图9、图10）

　　这件包金镶玉嵌玻璃银带钩出土于1951年河南辉县固围村5号战国墓。带钩由白银铸制而成，通体包金，钩体铸出浮雕兽首和长尾鸟，兽首分列钩身前后两端，作相背对称排列，形似牛首，双耳作扁环状，长尾鸟居钩体左右两侧，体修长呈"S"形，盘曲透迤，尾部作歧出的分尾形，并以爪、尾、反复虬结，使装饰效果突出。钩体正面嵌饰三枚白玉玦。玉玦表面刻谷纹，自前而后大小依次递增。在玉玦中心，各镶一粒丰球形琉璃彩珠（俗称蜻蜓眼）。钩体前端又镶入用白玉制成鸿雁首形的弯钩作钩首。它代表着战国时金银工艺与玉器文化的优美结合。（图11）

图11　战国包金镶玉嵌玻璃银带钩
钩长18.4厘米，宽4.9厘米。现藏于中国历史博物馆。

（4）衣饰

衣饰，主要指衣服上的饰件。男子衣物上的饰件较之女子要少。但也有一些需要提到的金牌饰及小的衣纽扣等。

金牌饰即为挂在衣物上或是穿在腰带上的饰件，也可说是带饰。（图12、图13、图14）

图12　战国银鹿纹银牌饰

　　长4.5厘米。出土于内蒙古杭锦旗阿鲁柴登匈奴墓。共两件。银牌饰中狼口张开露出牙齿，尾巴上翘。狼身上有一鹿，头下垂。錾刻工艺制成，具有匈奴民族特有的动物纹图案，反映出草原民族的剽悍风格。

图13　东汉马形金挂饰

　　长8厘米。出土于内蒙古科尔沁左翼中旗六家子墓葬，现藏于内蒙古民族博物馆。它是一个挂饰，器形为马形，马首下垂，鬃毛竖起，四肢内屈，尾巴低垂，臀部及耳部各连接一条金链。主要以透雕工艺制作，造型简单，形象地描摹了草原上动物的生活形态。

图14　西突厥金心形饰件

　　长1.8厘米，宽2厘米，厚0.5厘米，重2.8克。出土于新疆伊犁哈萨克自治州昭苏县波马境内的农四师七四围场，现藏于新疆伊犁哈萨克自治州文物管理所。该饰件是用手工插打出深0.6厘米的心形凹槽，中间有分隔线。凹槽内嵌有大小相同的两瓣状金片。造型奇特，未有人考证出其应该作为衣饰的哪一部位。

2. 女性用饰

女性用饰包括头饰、耳饰、项饰、手饰、衣件等。

（1）头饰

女性头饰包括冠、簪钗等。

女士冠与男士冠一样都为冠帽上面的装饰品。相对而言，女士冠较小巧、精致，其上的纹样多以女子喜爱的花草、凤鸟图为主。（图15）

图15　汉代凤鸟形金冠饰

《说文》云："凤，神鸟也。天老曰：'凤之象也，鸿前麐后，蛇颈鱼尾，鹳颡鸳思，龙文龟背，燕颌鸡喙，五色备举。出于东方君子之国，翱翔四海之外，过昆仑，饮砥柱，濯羽弱水，莫宿风穴，见则天下安宁。'"凤鸟是神圣的象征，凤鸟的金冠饰只有处于最高位的女子才能佩戴。所以，这个凤鸟金冠饰锤揲制成，素面，光泽感很强，为皇后所佩戴。

簪钗是女性头饰的重要组成部分。簪也称笄，用于束发或是将冠帽别在头上。商代时就已出现，但样式极为简单。之后，随着金银工艺的进步，工匠们在簪上錾刻、雕饰各种花纹图案，镶嵌宝石，以达到更为美观的效果。钗的功能类似于簪，区别在于形制。钗一般为双尖头，似两个细簪组合在一起。（图16～图21）

图16　明代累丝嵌珠宝云头形金带饰

　　长9.8厘米，宽4.8厘米，重98.65克。出土于北京昌平区十三陵定陵地宫，现藏于定陵博物馆藏。金质，采用累丝、錾刻、镶嵌、焊接等工艺技法精工细作。正面中心部位是大块蓝宝石，周围嵌其他各色宝石，使饰物尽显端庄华美。该带饰主要用于古代受封的品官母亲头上所带抹额中间的饰物。

图17　商代金笄

　　长27.7厘米，头宽2.9厘米，尾宽0.9厘米，重108.7克。出土于北京平谷县刘家河商墓。表面光洁，无任何纹饰。器身一面光平，一面有脊，截断面呈钝三角形，尾端有榫状结构，范铸成型。

图18　东晋金发钗

　　长10.7厘米，宽7.1厘米，重42克。出土于东晋贵州平坝马场墓葬，现藏于贵州省博物馆藏。钗为宽弧形，弯曲成三弯。这是专属于东晋时期的发钗形制。

图19　唐代鎏金银簪

　　长17.5厘米，出土于唐陕西西安市电缆厂，现藏于陕西省西安市文物局。主要以透雕工艺，雕刻花叶纹，形式简单，但是精致小巧，使得唐代女性的发髻更加别致、出彩。

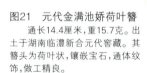

图21　元代金满池娇荷叶簪

　　通长14.4厘米，重15.7克。出土于湖南临澧新合元代窖藏。其簪头为荷叶状，镶嵌宝石，通体纹饰，做工精良。

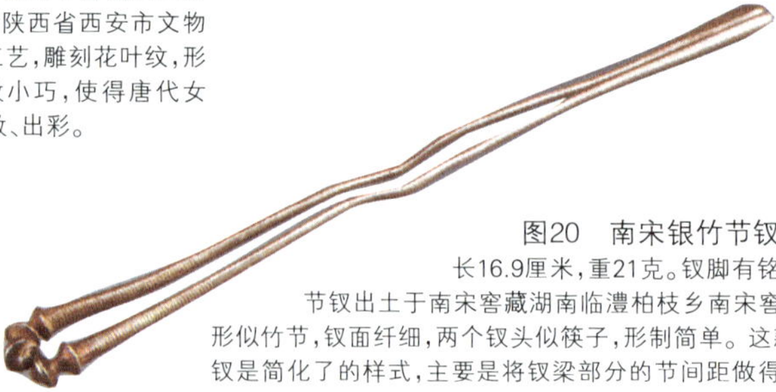

图20　南宋银竹节钗

　　长16.9厘米，重21克。钗脚有铭。银竹节钗出土于南宋窖藏湖南临澧柏枝乡南宋窖藏，其形似竹节，钗面纤细，两个钗头似筷子，形制简单。这款竹节钗是简化了的样式，主要是将钗梁部分的节间距做得很短，由钗梁向钗股的收束则为螺旋纹。其为民间铺子制作而成。

（2）耳饰

耳饰即为耳坠，是中国古代金银器中最早出现的器形之一。最早出现在商代，造型简单。此后形制逐渐复杂，工艺也逐步提高。（图22~图26）

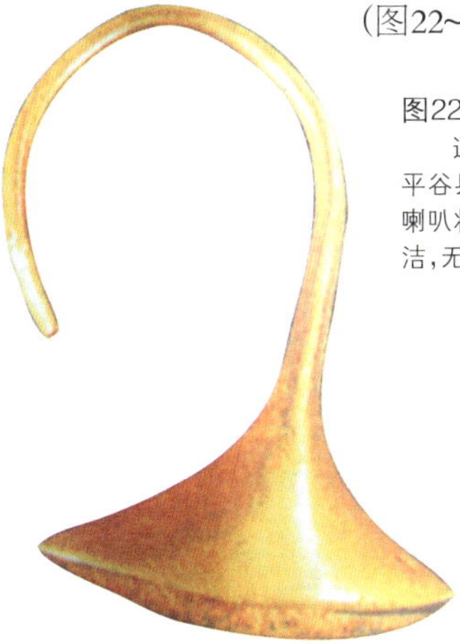

图22　商代金耳环

通长3.4厘米，直径2.2厘米。出土于北京平谷县刘家河商墓。环上部弯曲呈圆形，下部喇叭状，似如今的挂钩，造型别致小巧。器面光洁，无纹饰，器形最为简单。

图24　东汉金耳坠

长3.8~6厘米。出土于吉林省榆树市老河深墓葬，现藏吉林省博物馆。以金丝缠绕成各种形状的装饰，耳坠的左下角嵌着红色宝石。这两幅耳坠的形制与中原地区有着显著的差别。

图23　战国镶绿松石金耳坠

长8.2厘米。出土于内蒙古杭锦旗阿鲁柴登匈奴墓。由金丝环绕成，下连耳坠。耳坠由包金绿松石和三叶金片连缀而成。主要经过锤揲、镶嵌制成。

图25 北魏金耳环

　　左直径3.4厘米,右直径2.9厘米。出土于宁夏固原市寨科乡北魏墓,现藏于宁夏回族自治区固原博物馆。环状,每个上面都镶嵌三行叶状绿松石,金银细作,风格趋近于外域文化风格,为当时金银器饰的精品之作。

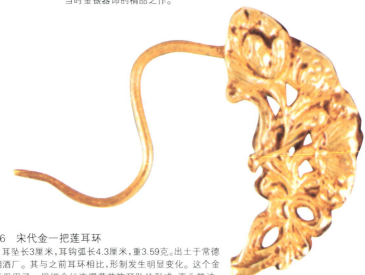

图26 宋代金一把莲耳环

　　耳坠长3厘米,耳钩弧长4.3厘米,重3.59克。出土于常德三湘酒厂。其与之前耳环相比,形制发生明显变化。这个金耳环采用了一根细金丝连缀莲花饰耳坠的形式,更为简洁,莲花饰主要通过透雕工艺制成,精美、耐看。其月牙儿式造型受辽代工艺影响,是宋代簪钗中的经典款式。

(3) 项饰

项饰即项链，套在脖子上悬挂于胸前的首饰。包括箔项饰、链项饰、项坠等。（图27~图28）

图27　秦代金银项圈

周身分别长75、76.6厘米，管节外径0.7厘米。出土于陕西西安市临潼区秦始皇陵兵马俑铜车马坑，现藏于陕西省秦始皇兵马俑博物馆。金银项圈样式简单，为链项饰。分别由四十二节金管节和四十二节银管节相间组成，管与管间焊接为一体，内部连接铜芯。

图28　隋代金项链

直径43厘米。出土于陕西西安市隋李静训墓，现藏于中国国家博物馆。由二十八个金质球形饰物连接在一起，球饰上镶嵌十颗珍珠，球饰之间以多股金丝编织连接。链顶端以金钮饰相连，钮饰之间嵌一颗有阴刻驯鹿纹的深蓝色珠饰。项链底端居中为一块圆形红色宝石和二十四颗珍珠的圆形金饰，邻近两侧为一四边内曲的方形金饰。项坠为心形蓝色垂珠。从这条项链的形制和工艺来看，具有波斯外域风格，不似明朝本土金银风格。

（4）手饰

手饰即指佩戴在手上的饰物，包括戒指与手镯。女性的手饰形制变化并不大。

手镯是佩戴在手腕上的环状饰物。汉代的金银手镯，是目前发现的最早的金银手饰。最初时手镯多为封闭的，无法调节圈径的尺寸大小，后来出现了开合自如的样式。（图29~图30）

图29　春秋早期金手镯

　　直径4.5厘米，高0.8厘米。出土时，佩戴于墓主人左手腕。金手镯为纯金质地，先将金锤凿成一根宽窄均一的金线，再将其绕成环形的四匝，形成具有宽度又有弹性的手镯。手镯上面无纹饰，是较简单的款式。

图30　南宋银缠钏

　　直径7厘米，重90克。出土于湖南临澧柏枝乡南宋窖藏，上刻"李念一元艮"。其也是手镯的一种形制。以一根长银丝环绕成型，样式简单，类似于臂钏。

图31　清代九龙戏珠纹金镯
　　外径8.7厘米,内径5.8厘米,厚1.6厘米。现藏于北京故宫博物院。金质,圆形。手镯上以金栏划分成九格,每格各錾刻一条飞龙,每条龙间隔间镶嵌一颗珍珠,形成九龙戏珠的场面。内壁刻有"聚华足金"戳记。样式复杂,花样繁多,反映了当时工艺的高超。

图32　西突厥金镶红宝石戒指
　　长径2.1厘米,短径1.5厘米,重16.5克。出土于新疆伊犁哈萨克自治州昭苏县波马境内的农四师七四围场,现藏于新疆伊犁哈萨克自治州文物管理所。戒指呈椭圆形,镶嵌椭圆形红宝石,宝石周围为点焊的两圈细金珠。戒身点焊小戏珠呈三角形。另一面基座镶嵌小颗宝石,做工非常精致。

　　　戒指自出现以来都称为指环,明代时有了戒指的称谓。最初佩戴戒指是为了辟邪,而后演化为装饰品,最后样式变得非常富丽、复杂。（图31~图32）

（5）衣饰

女性衣饰中最重要的佩挂物是香囊、霞帔坠子等。

香囊即是随身携带的熏香器。很多人认为只有女子才需要用到熏香器。香囊最初出现在先秦时期，以小袋子的形式出现。直到唐代出现了金银制的香囊，沿用至清朝。

鸡心坠，或称霞帔坠子。它是衣襟上的一种佩饰。自宋至明，考古发掘中出现霞帔坠子的实例已不少，大致以南京幕府山北宋墓所出金霞帔坠子为最早。虽然北宋时已有帔坠实例，但它在南宋时才比较常见，成为社会生活中女性身上重要的装饰品之一。南

图33　宋代双凤纹金霞帔坠子

　　出土于南京幕府山北宋墓。全器采用了镂雕和模冲捶揲的浮雕凸花工艺，刻画出万花丛中的两只凤。

图34　元代祥瑞图银帔坠

　　直径6.2厘米，高0.8厘米，重27克。出土于湖南临澧新合元代窖藏。其为银质，圆形，有铭。由两半扣合而成，饰有镂空的祥瑞图。造型别致，线条流畅，寓意深远。帔坠为霞帔底端的一个压脚，属于命妇特赐的饰件。

图35　明代镂空云凤纹金香薰（实为霞帔坠子）
　　通长19.7厘米，宽7.1厘米，重71.4克。出土于北京市石景山区，现藏于首都博物馆。香薰器形为鸡心形，中空，上端有一弯钩相连。主体饰镂空云凤纹，图案是一只金凤嬉游花草丛中。其边部饰有锦纹，边子上刻有"弘治九年十月历"铭文。整器采用了镂空透雕与凸花浮雕相结合的工艺，做工十分精美。

谭氏墓出土银鎏金鸳鸯纹帔坠、福州浮仓山南宋淳祐三年（1243年）黄升墓出土的缠枝花银帔坠，江苏武进蒋塘5号南宋墓出土的三件鎏金银帔坠，江西德安桃源山南宋咸淳十年（1274年）周氏墓出土两件鎏金银帔坠等。元代帔坠在南方也有不少发现，式样大致沿袭宋制，与明代附带挂钩的帔坠略有区别。（图33~图35）

（6）腰饰

腰饰即为古代女子为方便使用佩戴在身
上的小耳勺、小剪刀等。（图36）

图36　明錾花金饰件

通长52厘米，重294.5克。出土于
北京右安门外万贵妃墓，现藏于首都
博物馆。其为女子佩戴在身上的饰物
之一，俗称"七件"，包括有小剪刀、小
耳勺、小金壶等。金饰件由荷叶形牌
饰与下缀七物组成，牌饰上部为相对
的两只鸳鸯立于荷叶上，荷叶下有七
环，连缀七条金链，每链下各缀一物，
分别是剪、袋、剑、罐、盒、瓶、觿。每件
小缀物都极精巧，尤其是罐、瓶、袋、
盒通体錾刻精美纹饰，极富装饰性。
做工精致，体现了当时女子生活的精
细程度。

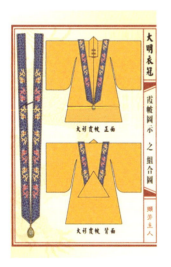

知识链接

霞帔坠子，白居易有句诗
"虹裳霞帔步摇冠，钿璎累累
佩珊珊"，其中霞帔即指色艳
若霞的帔帛。为了使霞帔在穿
着时能平展地下垂，遂于其底
部缀以金制或银制的帔坠，亦
即霞帔坠子。《梦粱录》曾载当
时富贵人家，嫁娶时必备聘礼
中有金钏、金帔坠等，若无金
帔坠，则以镀银器代之。明代
时它在衣服上的具体位置见
左图。此图中左边的长条即为
霞帔，其下端用了一个霞帔坠
子。右图是明代命妇的官服中
帔坠使用情况。

（二） 中国古代金银器饰的赏析

中国古代的器饰包括了车马饰、棺饰、剑饰、箭饰、门饰，等等。以下主要介绍车马饰和门饰。

1. 金银车马饰

中国是最早使用马车的国家。相传在4000多年前黄帝便创造了车，此后便开始了以马驾车的历史。中原地区习惯用马车，少数民族地区，特别是北方草原上的少数民族却习惯于骑马。所以说，车马饰其实是两个饰品类别的组合，一个是车饰，一个是马饰。车饰在战国秦汉时用得比较多，马饰则在少数民族地区一直使用。

汉代使用的金银车马饰即是车子和马匹上面的所有装饰的统称，它最早出现于商代。在古代，车马佩饰代表着一个人的身份等级。西周时期是我国古代礼制发展最重要的时期，当时规定了马车的使用制度。不同等级的人所乘坐车的结构、驾马的数量、车马器的形制、车子的装饰都有了严格的区别。普通的士大夫只能使用木质或铜制的车马饰，国王则使用金银质的车马饰。车马饰装饰的位置

图37　秦兵马俑铜车马俑
出土于陕西秦始皇陵。据此可以很清晰地看出当时马车的构造。

与车子的结构有着很大的关联。（图37）

（1）车的结构与金银车饰

古代车的结构大体分为三个部分：装载、运转、驱动。

装载即是车的车厢，古代称"舆"。一般的车厢都不封闭，只是用木板围起来，称"轸"。后来礼教的逐步发展，对于车子美的要求越来越多，车厢开始逐步改变形制，发展为封闭车厢。

运转由轮和轴组成。车轴横于舆下称为"輹"，轮的中心是一个有孔的圆木，称为"毂"，轴两端露出毂外，末端套有青铜或铁

知识链接

马具示意图如下：

（1）络头（2）衔、镳（3）缰（4）胸带（攀胸）（5）马镫（6）马鞍（7）障泥（8）蹀躞带（9）鞦带，此外还有一个当卢，它的位置在马鼻革与额革部位交接处的饰品，呈叶状。辽代以后马鞍具发展到比较繁复的地步，出现了马鞍具的再细分，如银马鞍桥等。

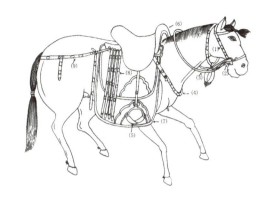

制的轴头，称为"畫"。轮的边框称为辋。辋和毂之间以"辐"相连。

驱动是指将车与马或驴相连，用以拖动车前行的部分。古代车驱动一般有"辕"和"轭"两个部件。辕是一根稍微弯曲的长木，一头与车轴相连，另一头与"轭"垂直相交。"轭"是垂直于辕、弯曲置于马脊颈上的木结构桥形装置。

古代的金银车饰最主要的就是畫辖。辖是位于两个车轮外侧，用以固定车辆的最外端，防止畫在运转过程中脱落的重要工具。使用方法就是在畫和车轴上各打一个孔，插入辖，将畫固定在车轴上。

图38 《昭陵六骏图》 金·赵霖

这张图展现了马身上的配件。马具主要包括马勒、马辔、繁缨、马鞍、马镫、蹄铁等。

马勒是指马笼头。一幅完整的勒是由项带、额带、鼻带、咽带、夹带和衔、镳组成。主要是防止马与车脱落。

陈国公主墓出土的马具有络头、衔镳（biāo）、缰、胸带（也叫攀胸）、鞍、韂（jiān）（障泥）、镫、鞢（dié）躞（xiè）带、鞧（qiū）带等。均用银片制，铁镫也镀银；鞍上所錾的对称的龙、凤处所刻图案均鎏金。羁（jī）、鞧（qiū）、辔（pèi）上钉缀立雕白玉质的动物形饰件，障泥上绘出灵禽神兽和云纹。

图39 春秋金方泡

长3.7厘米，宽3厘米。陕西凤翔县秦景公墓出土。金方泡共两件。其表面饰有蟠螭纹组成的兽面纹，使用了錾刻工艺，具有很强的装饰性。兽面纹饰我国先秦青铜器上常见装饰纹样，以正面表现的兽头为主要形象。

（2）马车的构造及金银马饰

马辔即马的缰绳。繁缨是一种缀于马鞍下的璎珞状装饰物。马镫是上下登马时所用的器具。马鞍是西汉时出现的一种凹形的马具。魏晋南北朝时，马鞍形制发生变化，出现了"两桥垂直鞍"，主要区别在于马鞍前后起桥。隋唐时期鞍具又变为前鞍桥高而直，后鞍桥向下倾斜的"后桥倾斜鞍"。（图38、图39）

知识链接

1.浮雕是雕塑与绘画结合的产物，用压缩的办法来处理对象，靠透视等因素来表现三维空间，并只供一面或两面观看。浮雕分为高浮雕与低浮雕，高浮雕由于起位较高、较厚，形体压缩程度较小，因此其空间构造和塑造特征更接近于圆雕，甚至部分局部处理完全采用圆雕的处理方式；浅浮雕起位较低，形体压缩较大，平面感较强，更大程度地接近于绘画形式。

2.镂空是一种雕刻技术。外面看起来是完整的图案，但里面是空的或者里面又镶嵌小的镂空物件。

3.当卢也是马具中的一种，它的装饰位置在马的正面鼻梁及额头上。

作为金银马饰存在的主要有衔镳、当卢及马鞍等。

衔镳称马嚼子，是横勒在马嘴里以便驾驭马的部件，是主要的马饰件。衔主要由两根金属条组成，两端各有圆环，一端连接，另一端伸出马嘴外，连接镳。镳在马嘴两边，一端连衔，另一端连在马头的皮革上，有圆形、方形两种。（图40、图41）

图40 秦代金当卢

长9.6厘米，最宽5厘米。出土于陕西西安市临潼区秦始皇陵兵马俑铜车马坑，现藏于陕西省秦始皇兵马俑博物馆。为金质铜托，呈叶状，中部为浮雕虺纹，周边围饰卷云纹，左右对称，累丝与浅浮雕。工艺精湛，制作规整。

图41 西汉金当卢

长6.5厘米，宽7.5厘米。出土于山东章丘市枣园镇洛庄，现藏于山东省济南博物馆。其为镂空雕饰，通身为飞马纹饰，生动形象，纹饰富丽，层次丰富，制作精美，但是左右不对称，是当卢中的精品。

当卢是指马狭长额头上的装饰物。有时上圆下尖；有时上端分两个角，下端为长方形；有时成心形。总之形制多样。

（三）金银铺首

铺首主要作为门扉上面的环形饰物。据资料记载，最迟在汉代，无论是皇宫还是普通百姓家的院门上就有了一个类似于把手的物件。铺首不仅仅使用在大门上，也可以用在箱盖边上，作为开箱的把手使用。铺首大多是兽首状，多数作虎、龟、蛇形，用以镇凶辟邪。

铺首多数是铜制，但是不同的身份等级所用的铺首都不相同。金银的大铺首一般是给皇帝、王侯使用，普通人家只能用小的铜铺首。

金银铺首制作工艺复杂，主要使用模压或模冲捶揲工艺制作。其形制大多为圆形，凸起部分往往錾刻出狮子、老虎、螭、龟、蛇等动物的头像。头像一般怒目圆睁，龇牙咧嘴。用这些面目狰狞的动物头像作铺首是为了给大户人家或是皇宫镇宅守院。

知识链接

铺首，大多冶兽首衔环之状。以金为之，称金铺；以银为之称银铺；以铜为之，称铜铺。

汉代时期的铺首都为神秘的兽面形铺首，有冠有角，瞪目弯鼻，前足伸于嘴前，爪尖毕露，面目狰狞。（图42~图44）

其他器饰见图45。

图42　辽代鎏金银鞍桥

宽39厘米。出土于辽宁省建平县张家营子乡勿沁图鲁村辽墓。其形状似桥，主要用于保护骑马者。锤揲制成，主要材料是木质，外部包有金属包片。纹饰左右对称，均为交缠的牡丹及双凤。

图43　西汉鎏金银铺首

通长12.2厘米，铺首宽7.3厘米，环长7厘米。出土于河北满城县陵中山靖王刘胜墓，现藏于河北省博物馆。这个铺首有着上下两个不同的兽面，但是两个兽面配合的非常融洽，兽面两侧饰有蟠龙纹，下部分的兽面衔有双连环。器形大方，简约。

图44　西汉鎏金银铺首
　　通长19厘米，宽14.9厘米，环长12.9厘米。出土于河北满城县陵中山靖王刘胜墓，现藏河北省博物馆。与图43同为河北刘胜墓出土的铺首，但是纹饰及器形不相同。这个铺首是通体透雕制成。上部为对称的蟠龙，中间为龙首，衔为双凤，凤身环绕花纹。这个铺首相对而言比较惹人喜爱，但是没有图43的铺首大气、精致。

图45　唐平脱漆镜盒饰片
　　1980年9月中旬出土于郑州二里岗附近的市木材公司一座唐代砖券单室墓中，现收藏于河南省郑州博物馆。出土时八件银饰片叠放在一起，其中还有铜镜一件。银饰片保存基本完好，出土时都带有朱色漆纹及朽木痕。银饰片集中地与铜镜放在一起，推测可能是镜匣上的饰片。从朱色漆纹及朽木痕看，镜匣当为一件银平脱木质朱漆盒。银片做成不到半毫米厚的薄片，在银片上设计绘画好图案，然后用圆錾、平錾、尖錾等各种小錾子錾出花纹。八件银饰片的花纹基本相同，均以经过艺术加工的植物的叶、果为主题组成缠枝图案。银饰片每一叶片上的叶脉都錾刻的活灵活现，每一个小实果大小都刻得恰到好处，银饰镂空的地方没有丝毫余物，缠枝图案枝条舒展匀称，整体给人以干净利落、精美大方的感觉，充分展现了制作者高超的技艺。

二、实用类古代金银器皿赏析

（一）古代实用性金银器皿赏析

中国古代金银器皿自有金银器便相应而生。器皿就是用来盛放物品或作为摆设物件的总称，由不同材料制成，有铜、铁、陶瓷等。

金银器皿有不同的类型，也有不一样的用途。包括杯盏、碗、盒、壶瓶等。以下按用途分别介绍不同类型的金银器皿。

1. 金银茶具

通过辽代的备茶图壁画（图46），我们可以看出中国古代茶具有着不同的样式。

最经典的茶具样式就是茶笼子、茶碾子、茶罗子、盐台等。泡茶、饮茶时所用的杯盏又有着不同的器具形式，而人们日常生活中所用的酒杯、酒盏样式与茶具中的杯盏样式也十分相似。

图46 《辽代壁画墓看备茶图》

宣化下八里辽金张氏墓群,壁画绘于六号张匡正墓前室东壁。一组由一名白衣女子和两名着红、白不同色的幼童组成。白衣女子挺直站立在图的左侧,双手持茶托、茶盏,似乎要去上茶;旁边半侧身而坐的红衣幼童身前放一茶碾,右手推碾。碾旁边有一茶炉,上坐一执壶。茶炉前则跪坐着白衣幼童,口中含管向炉口吹气。另一组由一名身着棕色上衣女子与一名契丹装束的男子组成。女子在左侧,身微前倾,双手持茶托。契丹男子,髡发,双手向前,似乎要取用东西。两人之间隔着方箱。契丹男子身后是一张方桌,方桌上放置着各种备茶用的器皿。

图47 唐代鸿雁纹银茶笼子

口径16.1厘米,高17.8厘米,重654克。鸿雁纹银茶笼子经锤揲、镂空、鎏金三道工艺制成。由笼盖、笼身、笼底组成。盖顶为穹顶,顶端有钮,口沿下折,与笼身扣合。笼身直口、深腹、平底、四足。笼身两口下沿铆接环耳。笼盖与笼身通体镂空,饰鸿雁纹。造型精致,做工精细,是唐代金银器中的精品。

茶笼子由盖、身、提梁三部分组成。唐代制成的金银茶笼子是茶具中的精品。（图47）

茶碾子是由茶槽与碾轴组成。如图46中红衣幼童所使用的就是茶碾子。茶槽呈长方形,由碾槽、辖板和槽座组成。碾槽呈半月形尖底,与槽座焊接在一处,槽口插置辖板。碾轴呈圆饼状,中心穿插一个圆柱状轴杆。（图48）

茶罗子由盖、罗、屉、架、座五部分组成。有长方形与圆形两种。将茶碾子碾过的茶叶放入茶罗子内滤过，才食用。

盐台由盖、台盘、三足架组成，主要用于煎茶。煎茶待水初沸时，放适量盐调味。（图49）

图48　唐代银鎏金茶碾子

　　高7.1厘米，长27.4厘米。出土陕西法门寺塔唐地宫，现藏于陕西省法门寺博物院。由茶碾、茶座、辖板组成。表面银鎏金且饰有流云纹，显示出唐代时期人们对于饮茶活动的积极与热情。

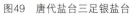

　　图49　唐代盐台三足银盐台

　　出土于陕西法门寺地宫。鎏金器皿。盖面高隆，上面有莲蕾形捉手，中空。盖面饰有团花纹，四周有摩羯纹环绕。盖沿为卷荷叶边形。以錾刻、鎏金工艺制成，花样纹饰精美，工艺考究。

2. 金银杯盏

古代泡茶时通常有茶壶、茶杯、茶碗、茶盘、茶盅、茶托等。图46中女子手中的茶具就是茶杯与茶盏托的集合，这两个是饮茶时必须使用的器皿。杯盏不光是饮茶时需要，在饮酒或饮汤羹的食器中都需要用到杯盏，而各个朝代所使用的金银杯盏样式也各不相同。

唐代以前，金银杯盏与青铜杯、陶瓷杯的样式形似，可以说就是简单仿制这些样式。魏晋南北朝以来，外来金银杯传入，本土的工匠吸收了新的样式，所以唐以后杯盏样式逐渐增多且制作工艺繁复。（图50）

现今出土的杯盏器型包括有高足杯、带把杯、长杯、异形杯等。（图51~图52）

角杯（也叫来通杯）、带鋬把杯最早是多个不同外来文化系统通过丝绸之路带入中国的不同形制的金银杯子。其中角杯是栗特人常用的银杯造型之一，器形较为奇特，带鋬把杯则起源于拜占庭文化，并带有吐蕃文化的些许特色，所以它们在纹饰中出现了联珠纹等较为典型的中亚、西亚纹样风格。（图53~图59）

知识链接

抛光工艺，即利用细小而硬度大的磨石，逐次加水进行打磨，再用丝织品或皮革进行抛光。

图50 战国金盏

　　带盖金盏通高11厘米，盏高10.7厘米，口径15.1厘米，采用青铜范铸工艺制成，共重2156克。1978年出土于湖北随县曾侯乙墓中，为先秦时期金器之最。器盖顶部中央有环形纽，盖边缘有两个边卡，可以与盏扣合，金盏底有三个反转呈"S"形凤首足，近盏口有对称的两只环状耳，盖顶和盏口外沿均铸有繁缛的蟠纹和云雷纹。还有一柄镂空金匕与盏相配。

图51 战国素面金杯

　　通高10.65厘米，盖径8.2厘米，重789.9克。1978年湖北随县曾侯乙墓出土。金杯呈圆桶状，束腰，有盖有耳，通体素面无纹，平坦光亮，杯壁较厚，盖顶圆拱，显得敦厚庄重。杯系用锤揲工艺制作而成，表面抛光优良，亦为先秦重器。

图52 唐代狩猎纹高足银杯

　　高7.3厘米，口径6厘米。出土于陕西西安市何家村唐代金银器窖藏，现藏于陕西历史博物馆。由杯体、托盘、高足三部分组成，主要采用錾刻工艺在细密的圆形鱼子纹基底上錾刻出猎鹿的纹样。杯底刻有"马舍"二字。显示出唐代金银器的繁缛。显示出唐代金银器的繁缛。其主要作为饮酒器来使用。

图53　角杯（来通杯）
　　克里弗兰艺术博物馆藏。

图54　带鋬把杯
　　纽约大都会博物馆藏。

图55　宋代金华银台盏一副
　　浙江义乌柳青乡游览亭村窖藏。由一个杯子和一个茶托组成。茶托呈荷瓣状，整体素面，是饮酒用具，其器型象生、纹饰隽雅，充满生活气息，摆脱了唐代金银器中图章式的装饰风格的影响。

图56　辽代银牡丹花形杯

　　通高5厘米，口径8.7厘米，底径4.5厘米，重68克。出土于内蒙古赤峰巴林右旗白音汉窖藏，现藏于内蒙古博物馆。通体饰呈牡丹花形，杯沿呈波浪状外伸，带有草原民族特有的金银器工艺色彩。

图57　元代银鎏金梵文绶带结单耳瓜形杯

　　长径9.7厘米，短径7.2厘米，重74克。出土于湖南益阳八字哨乡光王村。其带有着草原民族特有的粗狂气息，尽管杯形很小巧，但是梵文绶带的纹饰仍表现出草原民族的爽朗，同时说明受到佛教的影响。

图58　明代嵌红宝石狮柄金杯

　　高1.9厘米，口径8.1厘米，重76.8克。出土于北京永定门外南苑明墓，现藏于首都博物馆。素面，杯身光泽亮丽，敞口无盖，口径很大，左侧焊接一卧坐小狮子，镶嵌一红宝石，不难看出明代时期的杯形偏向于碗状，作饮酒器使用。主要运用高浮雕模冲锤揲工艺和镶宝工艺，展现出明代饮酒器的奢华之风。

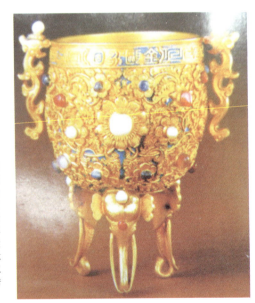

图59　清代"金瓯永固"杯

　　高12.5厘米，口径8厘米，足高5厘米。中国国家博物馆藏。"金瓯永固"是用八成金制成。为皇帝专用饮酒杯。圆形杯口，口边刻有回纹。杯口边铸有"金瓯永固""乾隆年制"篆书。通体錾刻缠枝花卉，其上镶嵌数十颗硕大珍珠，红、蓝宝石和粉色碧玺。杯两侧为双立夔龙耳，夔龙头各嵌珍珠一颗。底部以三象首为足。"金瓯永固"杯象征着大清福祚绵长，千秋万代。

3. 金银碗

在每个人的日常生活中都要用到碗。碗在各个时期的形制变化并不是很明显，并且变化主要体现在口沿、腹部、套胎等细节。

在已出土的碗器中，就有战国时的金碗，碗形与后代的碗相似，多为圆形、敞口、弧腹、圈足，也有直口的造型。唐时流行的折腹碗（即碗的腹壁中部有一周横折棱），就是受到了西方金银器皿的影响。另外，还出现了带盖碗。宋代银碗，为了隔热，多加了一个夹层。为了加热，在注壶外设计了一个温酒的温碗。明清时期，碗的变化不大，只是为了防止使用时被热气烫伤或是方便使用，给碗增加了一个碗托。这些碗的细节变化，体现了人们对于生活细节的完美追求。（图60～图64）

图60　东魏莲花纹银碗

高3.4厘米，口径9.2厘米，足径3.5厘米。出土于河北县皇孙刑郭村李希宗墓，现藏于河北省正定县文物保管所。敞口、鼓腹，圈足。碗内壁锤揲水波纹三十三道，碗底中央锤揲一个圆台，饰有一朵盛开的莲花。魏晋南北朝时期，金银器的造型主要受到自丝绸之路传入的波斯萨珊及东罗马（拜占庭）地区金银制作工艺的影响，造型、纹饰带有明显的外域色彩。

图61　唐代刻花赤金碗

　　高5.5厘米，口径13.7厘米。出土于陕西西安市何家村唐代金银器窖藏，现藏陕西历史博物馆。用锤鍱工艺制成，纹饰平錾，通体饰鱼子底纹。外壁浮雕呈相互交错的两层莲花瓣，碗底四周有五组缠枝卷草纹，工艺精美，装饰华丽。

图63　明代贴金箔花梨木碗

　　高7.6厘米，口径20.5厘米，重244.5克。出土于北京昌平区十三陵定陵地宫，现藏于定陵博物馆。素面，碗光泽不强，是金属与木质材料的集合，为皇室专用器皿具。

图62　宋代莲花形温碗及注壶

　　银酒注壶子与温碗是一套饮酒时的斟酒器。其中温碗是用来装热水温酒的器具。温碗为高圈足深腹莲花形，素面无纹。酒注壶通常被置于温碗中，既可单独使用，也可为与温碗相配合使用，酒注壶由盖、流、壶身、柄四部分组成，盖为带宝珠型莲花钮摘手的莲台形筒盖，壶身为长颈窄口长颈平折肩弧腹圈足瓶样式，壶身肩部有流，流细长，微弯折。带柄耳、已佚失。注壶与温碗的上下组合与整个花纹图案设计，协调完美，是一套精美的生活用器。

图64　清代双喜圆寿纹金碗

　　高6厘米，口径9.5厘米，足径5.1厘米。藏于故宫博物院。表面饰双喜纹，碗沿及碗底饰回形纹样。碗形简单，碗口相对前期较小。结合传统皇家文化与皇家金银器风格，采用传统的金银錾刻工艺，錾刻的纹饰与字体规整、优美，极具宫廷御用金银器的华美与尊贵。

4. 金银盒

盒是一种由盖、底组合成抽屉式的盛器，用来盛放食物、药物或是化妆品。其形制有圆形、方形、八角形、瓜形、桃形、镂空式、朵花式、双鸟式等。按用途可分为药盒、镜盒、油盒、香盒、粉盒等。在历朝盒的造型也不相同。（图65~图70）

图65　唐代蝴蝶纹菱形银盒

高5.2厘米，长8.8厘米。出土于江苏省镇江市丹徒区丁卯桥唐代窖藏，现藏于江苏省镇江博物馆。盒面呈菱形，椭圆形圈足，盒盖上饰一只展翅而飞的蝴蝶。盒身纹饰菱形的方格纹。具有唐代南方民间银器的精致与婉约之气。

图66　唐代鎏金鸿雁鸳鸯纹银蚌盒

直径2.9厘米~3.4厘米。出土于陕西西安市国棉五厂65号墓，现藏于陕西省考古研究所。盒身似蚌壳形，珍珠底，蚌壳一面的主纹为交颈而飞的鸿雁纹，另一面为相向而对的鸳鸯纹，辅纹为折枝花草纹。使用錾刻、鎏金等工艺。值得一提的是使用铆接法连接，并在铆钉顶部錾刻出精致的花纹，使铆接痕迹得以美化，表现出唐代北方金银器皿的富丽繁华。

图67　南宋银盒

　　长6.7厘米，最宽处5厘米，高1厘米，重53.3克。出土于湖南临澧柏枝乡窖藏。边沿饰云纹，通体光洁，具有与唐代器皿不同的造型与纹饰。较之前朝的金银器皿，其制作仿古风气浓郁，古色古香。

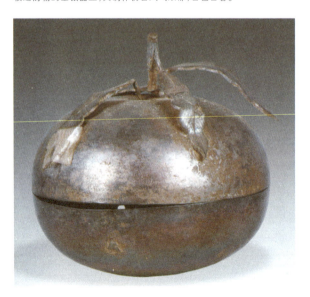

图68

元代银苹果式盒

　　口径7.1厘米，通高6.6厘米，重35.8克。出土于湖南攸县丫江桥河源村元代窖藏，其形状似苹果，主要用途还有待考究。

图69　明代錾云龙纹八棱形金粉盒

　　高5.1厘米，口径9.7厘米，重241.5克。出土于北京昌平区十三陵定陵地宫，现藏于定陵博物馆。为皇室所用，用于盛放粉类物品。金器錾刻云龙纹饰，盒盖与盒身紧密契合，表现出明代工匠的高超技能。

图70

清代金镶宝石圆盒

　　盒盖边缘饰交错的棱格纹，盖顶及盒身镶嵌各色各型的宝石，盖顶宝石形似蝉或蝙蝠，造型奇特。该器主要采用錾刻、镶嵌的金银工艺，表现出清代皇室金银器皿的华丽。

5. 瓶

瓶是盛水的容器，明代多数用来盛酒，有时也起到陈设的作用。形制多样，有圆形、方形、长颈或短颈、浅腹或深腹、平底或带圈足。（图71~图73）

图71 吐蕃银瓶

芝加哥私人藏。这是吐蕃在唐和中亚、西亚各国交流中获取的工艺铸造的银瓶，带有粟特人特有的文化印记。银瓶体修长、喇叭口、细长颈、圆肩、长鼓腹、圈足。瓶身纹饰为有翼的神兽立于中间，四周饰有花草纹样。所有纹饰图样皆为錾刻技法制成，工艺精湛。

图72 南宋银胆瓶

口径5.5厘米，圈足径5.7厘米，高14.5厘米，重196克。出土于湖南临澧柏枝乡窖藏。瓶外底心有铭"刘阎造"。鼓腹、宽口，瓶颈处饰有纹样。器型制作工整，技艺精良。

图73 元代银玉壶春瓶

元通高34厘米，口径7.4厘米，底径9.4厘米，重592.5克。出土于湖南涟源市桥头河镇石洞村元代窖藏。器底有铭"庚辰岁萃仲志"。其形制与宋代的瓶形制差不多，都是细颈、鼓腹、平底。不过银壶表面受损严重，光泽感不强。主要用作饮酒时的盛酒器。

6. 特殊形制的器皿

见图74~图76。

图75 汉代圆锥漏斗形器

高5.2厘米，口径3.8厘米。圆锥漏斗形器均侈口，口沿平折，深腹渐收为尖底作漏斗形，漏口扁圆且略向一侧偏歪，器腹饰宽带弦纹一周，制作规整。这件银器为医具，主要是在病人无法喝进汤药时使用。

图74 战国金铸

长21.3厘米，重902克。出土于河北平山中山王墓，作酒器用。铸呈八棱形，两侧为双向的龙，以银和蓝琉璃镶睛。向上的龙身上有鳞纹，向下的龙有一对银镶的花枝状长角。镶嵌、焊接工艺制造，造型独特，代表着当时金银工艺的水平。

知识链接

巴卡斯神其是葡萄与葡萄酒之神，也是狂欢与放荡之神。在罗马宗教中，有为酒神巴卡斯举行的酒神节。

图76 十六国巴卡斯神银圆盘

这是十六国时期流入我国的一件圆盘器皿。盘面刻画的是酒神巴卡斯，这与当时东罗马的文化有很大的关联。

（二）宗教用金银器物赏析

在中国社会发展过程中曾经经历过多种的宗教文化滋养，包括佛教、道教、伊斯兰教等。但是很少有人真正了解过中国自商周以来宗教所使用的供养器的发展历程。

下面列举四种宗教供养器，来展示中国历史上出现最多的宗教器具。

1. 金银舍利装具

舍利是梵语的音译，最初是指佛祖释迦牟尼的遗骨及遗体火化后结成的坚硬珠状物，后来舍利就泛指高僧火化后遗留下的骨粒。还有一种肉身舍利，即大德的高僧圆寂后留下的肉身，经过特殊的方法保存成为舍利。安放舍利的器皿即为舍利器，经典的有舍利塔、函、棺椁。

金银舍利塔、金棺银椁皆是舍利供养器中较常见的类别。最早出现在唐朝，一直沿用至今。

（1）舍利塔

舍利塔起源于印度，最初是印度佛教大师圆寂后修建的象征性墓地，传入中国后，

知识链接

阿育王塔，因印度孔雀王朝第三代国王"阿育王"而得名，据历史记载阿育王前半生用武力统一了印度全境成就了印度的强大，后半生他笃信佛教，并使弘扬佛教成为他及其继任者的主要任务，在其身后的百年间，一部分佛舍利被装在特殊形制的金银塔中，相继分送到中国等国家中。阿育王塔是由四方形壸门塔座、四方形塔身、四角四块山花蕉叶和顶部的七层象轮和宝珠顶所构成。佛教刚传入中国时，阿育王塔其实是覆钵状，通俗地说就像一个馒头，佛教徒对塔礼佛，后来才渐渐吸收中国元素，从一层变为多层，从圆形变成多角形。

阿育王塔是由主塔和附属小塔构成的一座楼阁式建筑。我国共发现十九座阿育王塔，分别为代县阿育王塔、宁波阿育王塔、西湖阿育王塔、连云港阿育王塔等。

与中国传统建筑结合，形成了中国化的塔，分为建筑塔及模型塔。这本书中展示的就是模型式的塔。模型塔主要用于放置佛舍利。在我国，模型塔最初是佛教信徒们在释迦牟尼佛圆寂后为其修建的象征性纪念塔，有木质或石质，但是宋代以后出现了金银质塔。出土文物有宋代的七宝鎏金阿育王银塔。(图77~图79)

图77　宋代七宝鎏金阿育王塔

出土于南京宋代长干寺的地宫，现藏于南京市博物馆。是目前国内、甚至全世界范围内已发现的最大规模的阿育王塔，其制作精美程度，在国内可以说是首屈一指。

塔座、塔身和山花蕉叶上，每隔几厘米就镶嵌着各种珠宝。塔身上的纹饰精美繁复，佛像姿态栩栩如生。在20厘米左右山花蕉叶侧面，自下而上有三幅高浮雕图像：白象转世、菩提树下成佛、佛祖涅槃。在其他的山花蕉叶上，还有佛祖从摩耶夫人肋下出生、鹿野苑说法等讲述佛祖生平的故事。

塔身文字表明，这座精美的七宝阿育王塔使用的是锤揲和鎏金工艺，且是在扬州制造的。

七宝鎏金阿育王塔使用的是鎏金工艺，包括杀金、抹金、开金、压光等四道工序。工艺复杂、多样。但是经过复杂的鎏金过后却能保持颜色持久不变色，且牢固，黄金灿烂、华贵富饶如新。是宋代最高艺术水平的体现。

知识链接

1. 鎏金工艺也叫"火镀金"或"汞镀金",就是把黄金剪碎后,与水银按1:7的比例在400摄氏度的温度下使金熔化在水银中,冷却后成金泥。把金泥涂抹于器物表面,再用无烟炭火温烤,使水银蒸发,黄金就固留在器物表面了。我国战国时就已发明鎏金工艺,是世界上最早使用这一技术的国家。

2. 舍利即佛的遗骨之意。又作实利、设利罗、室利罗。意译体、身、身骨、遗身。通常指佛陀之遗骨,而称佛骨、佛舍利。

3. 锤揲工艺充分利用了金、银质地比较柔软、延展性强的特点,用锤敲打金、银快,使之延伸展开成片状,再按要求打造成各种器形和纹饰。

图78　辽代亭阁式舍利金塔

通高11厘米。1989年11月出土于辽宁省朝阳市北塔,藏于辽宁省文物考古研究所。朝阳北塔属于辽代延昌寺的重要遗址,延昌寺是密宗寺院。

亭阁式舍利金塔顶饰宝珠,塔壁刻佛像纹饰,有围栏和莲花座内装玛瑙瓶,瓶内两粒佛骨舍利和五粒鎏金珍珠。造型精巧,做工精美。

该塔采用当时的建筑模式,便用了浇铸、焊接、锤揲、錾花、鎏金的加工方法,显示出草原民族佛教教派与汉族佛教教派的相斥与相容。

图79 南宋楼阁式银塔

通高28厘米。出土于宁波天封塔地宫中，现藏于宁波市文物考古研究所。六角形七级银塔，由塔基、塔身、塔顶组成。基础作须弥座式，往上逐级缩小，每边均饰有唐草纹。第一层在台基之上，置有副阶、栏杆、栏板，栏板上饰有菱形花饰，六面均有柱、阑额，南北两面设壶门，器物四面刻有铭文。第二层仍为六面栏，每面设壶门置于正中，高低相等，墙壁与起翘屋面相连，栏杆上望柱、斗的形制与第一层相同。第三层至第七层结构完全相同，逐级上收，直到第七层为六角攒尖顶，上面放置相轮、宝珠。

银塔仿照实物制作，作为银殿中佛教器物摆设，造型精美，器型优雅，是南宋时期金银工艺的首推之作。

知识链接

1. 焊接，即在金银器或金银饰件之间的接触点浇洒金属液体，冷却后使两个部分接合为一体。

2. 錾刻，即用凿錾之类的工具在器壁錾出花纹，这是金银器细部加工的主要工艺方法。

3. 印度覆钵式塔基本结构是基座、塔身、塔脖子、塔刹。基座有圆形、方形、八角形、多角形，其中圆形很少见。塔身也称为塔肚子、覆钵、覆钵丘，形如倒扣的钵，因此得名。有的塔在塔身上开有佛龛，称为眼光门。塔身多是圆肚，也有做出棱角。塔脖子又称为相轮，因叠成圆锥形的相轮最多有十三层，所以也叫"十三天"。塔脖子有的短粗，有的细长，一般都砌出奇数（七、九、十一、十三），也有的做成象征性的光面。塔刹由伞盖和宝刹组成。伞盖位于十三天的上部，通常包括华盖和流苏，也有采用天地盖的造型。塔脖子和塔刹象征着佛的头部，巨大的塔身蕴含着深厚的佛教内涵。

（2）金棺银椁

金棺银椁是佛教僧人安葬佛舍利的葬具。佛祖释迦牟尼涅槃后，阿育王将其舍利分成八分供养在古天竺国的佛塔中。自此以后供养舍利的风气逐渐盛行并传至中国，随着金银器的大量使用，安葬舍利的容器也越加奢华。唐代武则天时期，按照中国传统的墓葬形式将舍利容器制作成了中国式高等级墓葬棺椁相套的形式。

金棺银椁的出现，完全改变了传自印度的瘗藏于坛瓶的做法，彻底仿照中国的棺椁。唐高宗显庆年间，武则天在陕西法门寺的塔基下用砖块建造了类似于墓室的地宫，并且设置了门及甬道，为舍利制造了金棺银椁共九重，雕工精湛、穷尽工匠毕生工艺。

唐朝后期，金棺银椁愈加兴盛。唐末时，为迎取佛骨将金棺银椁的奢华推至了最高峰。唐懿宗想去法门寺迎取佛骨，说"生得见之，死亦无憾"。最后香车宝马去迎取，只迎回来了懿宗自己的骨骸。

金棺银椁的制作工艺技术十分繁杂，造型精美。主要采用锤鍱、铆合、掐丝、沾焊、

知识链接

　　掐丝常见于珐琅器制作中，金银器制作也用此工艺，即用镊子之类的工具将金丝掐成各种纹样，并焊接于器表上。

镂雕、镶嵌等工艺技法，在表面装饰出的花朵、形态安详的佛陀、慈目善眉的菩萨、威严的狮子等，玲珑剔透，精美绝伦，被誉为"稀世罕见之瑰宝，千年文物之精华"。唐朝末期，虽然金银椁棺的做工纹饰仍然精美，却失去了盛唐朝气蓬勃的气势，变得风格纤弱娇柔。（图80~图81）

图80　唐代金棺、银椁

　　金棺高2.8厘米，长6.4厘米，宽1.9厘米，银椁高4.9厘米，长11.5厘米，宽4.3厘米。出土于江苏镇江市北固山甘露寺铁塔塔基，现藏于江苏省镇江博物馆。做工精细、厚实，锤揲制造而成，通体錾刻迦陵频伽纹饰，是金棺、银椁中的佳作。原藏于长干寺中，作为放置佛舍利的容器。

图81　宋代金棺

　　长7.5厘米，宽3~3.5厘米，高6.5厘米。出土于江苏省镇江甘露寺铁塔塔基内。长方形，由棺盖、棺身、棺基组成。棺基为须弥座，座饰水波纹及几何纹。棺身两侧分别錾刻迦陵频迦鸟和折枝纹。棺盖四周饰联珠纹，盖顶为四只腾空的仙鹤。前挡錾刻双扇门扉，门扉上面有直棂窗及门钉。采用锤揲、錾刻工艺制作，显示出宋时金银工匠的高超水平，同时表现出当时人们对于佛教的极端崇尚。

图80、81中三个金棺银椁的制作工艺非常高超，但因分处于两个不同的时代，所用的工艺又有所区别，表现的奢华程度也有所不同。图80主要显现出一种低调的奢华感，展现了唐代万朝来贺的大气、雍容；图81则是主要采用錾刻工艺，展现出一种富丽的景象，与宋代繁华的社会经济生活有着密切的关联。

知识链接

花丝镶嵌即利用黄金、白银的韧性和延展性好的特性，通过反复拉伸，加工成细丝后，制作出各式的造型，再镶嵌珠宝和玉石的手工艺制作方法。

（3）佛龛

佛龛属于法器类，用来供奉佛造像。形制多样，大小不一。（图82）

图82 清代金嵌珠石双层楼阁式佛龛

长51厘米，宽22厘米，高65厘米。北京故宫博物院藏。

金嵌珠石双层楼阁式佛龛属于楼阁式佛龛，是清朝宫廷中最常见的一种。其形制仿汉地传统的楼阁式建筑，分上下两层，共六扇龛门，门内供奉佛像。龛门镶嵌珍珠。楼阁表面饰有掐丝缠枝纹，并且镶嵌绿松石组成八宝图案。底部为仰覆莲须弥座。装饰十分豪华。这种大小的佛龛最主要的是安放在佛堂内，以供祈祷、供养。

金嵌珠石双层楼阁式佛龛仿照当时建筑以浇铸、镶嵌、锤揲等工艺制作，工艺精湛，艺术气息浓郁，是清代佛龛的典型代表。

2. 佛教造像

佛像就是佛陀塑像的简称。从古至今，释迦牟尼佛、无量寿佛、菩萨、罗汉及供养人等的造像数量极多。在各个时期、各个地区佛像造型也不一致。（图83~图86）

图83　宋代金佛像

高8.5厘米，重110克。出土于云南大理崇圣寺三塔主塔塔顶。

佛坐像，束发，肉髻隆起，眉如新月，眼睛广长，耳轮垂长。给人以纯真、慈祥之感，身着通肩密摺袈裟，衣纹飘逸。结跏趺坐，右手平伸抚膝，左手置于足上，结法印。这座金佛像出土于大理，体现了该地区小乘佛教的特征，具有地域性。

图84　宋代金阿嵯耶观音像

高28厘米,重113克。出土于云南大理市崇圣寺三塔千寻塔刹基相橖。

金观音立像,工艺特点繁多,与唐宋中原地区佛像有很大不同。其正面立像端正不倚、眼鼻均宽阔、口大唇厚、高冠危髻。后背网纹细密如斯,体现工匠高超技艺。

图85　北宋鎏金银神王像

高18.3厘米,藏于浙江省博物馆。

鎏金银神王像通身鎏金,但是右手所持斧子未鎏金。披甲挺立于长方形木质包银座上,神态狰狞。神王像身与座基是最后焊接而成的。该像造型新颖,是唐宋以来民间门神信仰的遗物。

图86　清代金无量寿佛
　　金佛像慈眉善目，佛像顶冠、耳饰、胸饰、衣饰上面都镶有宝
石。这无不显示出清朝时期对于金银镶宝工艺的喜爱及推崇。

3. 金银制密宗法器

密宗，又称为真言宗、金刚顶宗、毗卢舍那宗、秘密乘、金刚乘。综合各国的传承，统称为"密教"。密教兴起于印度大乘佛教晚期7世纪至11世纪间，直至印度佛教全面被破坏灭亡为止。密教虽在印度消失，却在中国、日本、韩国等地传播开来，成为中国佛教八大宗派之一。当代密宗主要活动于我国的西藏、青海、甘肃等地。

在中国盛行的密宗基本为"藏密"，这是西藏佛教密宗的简称。而"藏密"有着多种供养法器，分为六大部分：

一、礼敬：袈裟、挂珠、哈达等。

二、叹赞：钟、鼓、铎、人骨喇叭等。

三、供养：香炉、花、幢、盖等。

四、持验：为修法所用，如曼荼罗、念珠、金刚杵、金刚铃等。

五、护摩时所用者：火坛、护摩杓、宝瓶等。

六、弘化时所用者：如摩尼轮、祈祷石等。

其中与金银供养器有关的有：叹赞所用的钟，供养的香炉、花，修法所用的金刚杵、金刚铃等。

下面图示介绍几种金银制的密宗法器。（图87~图89）

图87　前燕金铃

　　大者腹径2厘米，小者腹径1.1厘米。出土于辽宁省北票县四花营子乡房身村二号墓。锤揲而成，球状素面，连接处以金箍焊接固定。底部切割出长条状铃口，腹部放置铁丸，轻摇即有响动。做工精湛。金铃是为了在修习经文时督劝、鼓励众生，使其精神振奋而振响金铃。和金刚杵一起使用时，有阴阳的含义在其中，一般以金刚杵代表阳性，以金刚铃代表阴性，有阴阳和合的意思。

图88　宋代铜镀金金刚杵

　　长21厘米，重615克。出土于云南大理崇圣寺三塔中。金刚杵梵名跋折啰，俗名降魔杵。双面五股杵，象征五智五佛。两端四钩，钩端饰龙头纹，柄饰莲瓣及联珠纹，并间旋涡纹两圈。杵柄上套一银环。常为金刚护法天神所有。工艺以錾刻、鎏金为主，表现出对于佛教文化的推崇。

图89　清代金十字金刚杵

　　呈对称十字形，为四股金刚杵，杵臂上镶有宝石，且饰龙头纹。做工精美华丽，显示出清朝时密宗对于金银器的影响。

4. 典型遗址中的佛教金银器

陕西法门寺位于炎帝故里——宝鸡市的扶风县法门镇。最初建于东汉时期，原名叫阿育王寺。因唐时期改名法门寺，安置释迦牟尼佛指骨舍利而闻名。现代，最为著名的就是1981年出土的法门寺地宫中的佛教金银器，数量多达120多件，且件件做工考究，多用錾刻工艺。这些器物是唐代金银器的精品，都是皇帝集中各地精粹或特别征调工匠专为供养真身而打造的，包括金棺银椁、金铃、金锡杖等。（图90~图93）

图90　宝珠顶单檐四门金塔

通高7.1厘米。出土于陕西扶风县法门寺塔唐代地宫中，现藏于陕西省法门寺博物馆。整塔由塔顶、塔身、塔座和台座四部分组成，中间可存放舍利子。塔顶是由宝珠形顶和四面坡式单层檐组成，檐下有仿木建筑结构，四面开壸门，正方形塔座立于矩形梯台座山。塔顶有阴錾刻线的瓦楞纹，塔身壸门边饰海棠石榴纹，塔台座上饰莲瓣纹，塔中放置了一枚佛指舍利。整塔为纯金打制，周身布满阴刻纹饰，其中的仿木结构建筑样式反映出中国楼阁式榫卯结构的特点，这类单层舍利塔自唐代起在东亚地区广泛流传，在韩国也发现过类似的舍利塔。到宋代时，这种单层四边形变成了六边形的多层楼阁式银塔，其盛装舍利的功能也由此减弱，转而变成佛塔中的高僧墓塔。

图91　唐代鎏金十字三股杵纹银钏

此钏环径10.8厘米，宽1.9厘米，圆形钏面高2.8厘米，钏面径5.3厘米。现藏于陕西省法门寺博物馆。钏整体呈镯形，银质鎏金，钏面顶部錾饰三股金刚杵呈十字形分布，表示三密三身，寓"身、口、意"三密平等之意，中心有凸起的圆珠。钏环表面饰有二龙戏珠纹样。该钏是陕西扶风法门寺地宫出土的六件宝钏中的一件，为密教造像中的八庄严之一。

图92　唐代双轮十二环金锡杖

通高27.6厘米。出土于陕西扶风县法门寺塔唐代地宫，现藏于陕西省法门寺博物馆。杖首顶端为仰莲座，左右轮上各套六枚锡环，杖身中空。造型简单，但工艺精巧。

图93　唐代鎏金银如意

通高51厘米。出土于陕西扶风县法门寺塔唐代地宫，现藏于陕西省法门寺博物馆。云头鎏金。中间浅刻一金佛。细长金柄。

5. 其他宗教用金银器

其他宗教用的金银器是指原始宗教如萨满教使用的金银器。我国战国时期的火炬形金饰件，充满了原始宗教的神秘色彩。还有一些出土于窖藏中器物，如唐代的赤金龙，它的用途和宗教意义有待于进一步研究。（图94、图95）

图94　战国火炬形金饰件

　　高7.5厘米。出土于战国内蒙古杭锦旗阿鲁柴登匈奴墓，现藏于内蒙古文物考古研究所。它是用铸造工艺手法做出的带有泛义萨满色彩的古代金饰件。整体造型似一团火球，象征着光明与希望。据发现者研究、推测，它是匈奴民族在新一年轮到来之时祭祀的一件器具。

图95　唐代赤金龙

　　高2.8厘米，长4厘米。出土于陕西西安市何家村唐代金银器窖藏，现藏于陕西历史博物馆。

　　系錾刻而成，金龙昂首直立，凝视远方，造型奇特，与当时的龙造型不相似，具体用途和意义还有待于进一步考证。

三、印鉴类古代金银玺印赏析

玺印在秦朝之前是不分割的一个整体，统称"玺"，主要指在封发信物时，盖上印泥，作为验证的信鉴物。

玺印最早出现的时期是在春秋战国，俗称"古钵"。在秦始皇统一六国建立秦朝后，给玺印划分了等级，只有皇帝的印才能称"玺"，臣子及普通士族的只能称"印"。至汉朝诸侯王及王太后的印也可称"玺"，汉将军印称为"章"。这就有了官、私印的分别。唐时武则天以"玺"字发音与"息"相近，寓意不好为由将"玺"改名为"宝"，自此以后直到清代，"玺""宝"并用。

春秋战国时期玺印的材质多为铜，并有少数玉印、石印出现等。秦统一之后，才开始使用金银材质的玺印。"金银印"大都为皇帝、王侯、将军的印章。

金银玺印的形制大多为方形、圆形、长方形；字体主要以各朝代的专用字体为主，宋朝以前以篆书为主，宋朝以后出现九叠篆，至清朝时出现满文、蒙文、满汉篆书合文的情况。玺印的形状大小也随着朝代更迭而改变，唐之前玺印尺寸较小，唐以后玺印体积增大；唐以前印钮多为鼻钮、龟钮、蛇钮、虎豹钮，唐以后印钮多以龙钮为主，鼻纽多变成小长方形把手，至最后变为增高成上小下宽的柱形柄。

现今考古出土的金银玺印多为秦汉时期的皇帝玺或是王侯印，至清朝时期皇帝已很少使用金银玺而专用玉玺，后宫皇太后、皇后多使用金印。在西南等地的少数民族聚居区，也有着具有特色的玺印形制，但多带有中原地区的色彩。

下面以一些出土的金银玺印为例，进行展示。图96、图97中的这两个印都为战国时期的银质私印，均为鼻钮方形朱文印。鼻钮这种形式是我国玺印史上使用时间最早，也是最常见的一种印钮形式。（图96~图103）

唐、宋、元三代私印与押记兴起，但无

图96　战国银鼻钮陈均玺

高1.3厘米，边长1.1厘米，重13克。天津市历史博物馆藏。

银鼻钮陈均玺为银质私印，正方形朱文。因传世时间长久，印身表面摩挲光滑。印边残损一小处，是鉴别这颗银印的标志之一。

图97　战国银鼻钮司寇玺

高1厘米，直径1.4厘米，宽1.4厘米，重10克。天津市艺术博物馆藏。

银鼻钮司寇玺为银质私印，正方形朱文，鼻钮。印底铸阳文"司寇印"三字。

图98　西汉"文帝行玺"金印

边长3.1厘米，通高1.8厘米。出土于广州南越王墓。方形阴文印，蛇纹龙首钮，龙环睁双眼，盘身昂首，周身鳞片深厉，形态生动而富有神彩，反映了西汉南越地区高超的金工工艺。

"文帝行玺"四字被安排在田字方框的四个格子里，印文为小篆，书体端正，刚健有力，具秦汉官印的特点。这方金印的主人是西汉时期第二代南越王赵眜。到目前为止，这方金印是国内发现年代最早、在考古发掘中首次发现的王侯级的金印。

图99　东汉"汉委奴国王"金印

边长2.3厘米，印台高0.9厘米，通高2.2厘米，重108克。现藏于日本福冈的市立博物馆。

"汉委奴国王"金印为方形蛇钮阴文印，印面刻"汉委奴国王"篆字五个，据传为东汉时期光武帝刘秀赠送给当时的倭奴国(即日本国)国王的金印。

图100　汉代滇王之印
　　印高1.8厘米，边长2.3厘米，重89.5克。出土于云南晋宁石寨山六号墓。该印是一枚方形蛇钮阴文金印，钮上蛇昂首，盘身，有鳞。印钮与印身为分铸后焊接而成，印面凿刻篆书"滇王之印"四字。

图101　西汉"广汉大将军章"
　　该印为西汉时期广汉大将军的章。龟钮方形阴文印，银质。

图102　西晋"晋归义氏王"
　　高3.2厘米，边长2.2厘米，重88.5克。上海博物馆藏。
　　"晋归义氏王"为方形驼钮，印钮为雕凿而成，驼伏卧于印台，雕刻面处理风格粗犷，形象鲜明。白文篆书"晋归义氏王"五字，布局工整。是当时晋王室颁赐给归顺的氏部部落酋长之印，"归义"即为藩邦归顺之意。

图104　清"和硕醇亲王宝"

　　通高12.2厘米，边长11.6厘米，重6800克。1956年由溥仪弟溥任先生所捐，现藏于中国国家历史博物馆。该印由印钮、印台两部分组成，钮为龙首龟身龙尾的龟钮，方形朱文印，金质。印面用"芝英篆"书满汉文"和硕醇亲王宝"。此印原为道光帝七子奕譞于同治三年"加亲王衔"时所铸。后为其子载沣（即溥仪之父）所承袭。新中国建立以后，黄金多作为外汇储备，不能轻易买卖，所以很少有人再用其做私印了。

图103　西晋"晋鲜卑率善中郎将"银印

　　高2.5厘米，边长2.1厘米，重41.2克。出土于内蒙古自治区凉城小坝子滩。为方形驼钮，印钮雕凿而成。凿白文篆书"晋鲜卑率善中郎将"三行八字，"晋鲜"二字独居一行。这是西晋王朝赐给驻扎于乌丸的中郎将印，反映了鲜卑与乌丸的密切关系。

论是官印还是私印，其印章材质多为铜、铁、玉石质。钮中官印钮的形制朴素，多为橛钮和杙钮，印制简化，私印钮的形制较为多样，可为童子形、龙形等不同形状。

　　明、清时期官印已形成定制，各级有各级不同的要求，无艺术意趣，完全成为一种信验的工具，但另一方面文人篆刻兴起，文人刻印喜用似玉的寿山石、青田石作为印材刻章。文人参与后以古文入印，形成了鉴藏古印风气的流行。

　　但是清代公亲们还在使用金印。（图104）

四、经济类古代金银货币赏析

　　货币是从商品中分离出来的固定充当一般等价物的商品，它具有价值尺度的流通功能。历史上，不同的国家曾经使用过不同的商品作为一般等价物。在中国，布帛在一定时期内充当过一般等价物，但最后由于金银的特殊商品属性使其自然成为货币等价物，参与商品交换。中国也是最早使用金银作为称量货币的国家之一。

　　中国货币自古以来就种类繁多，有铜币、金币、银锭、银币等形式，而金银又以其耐腐蚀、易分割、易携带的特性成为中国历史上重要的制币材质，并形成了不同的货币形式。

　　下面将向大家概要介绍中国历史上金属货币，特别是金银货币的演变过程。

（一）中国历史上最早的金属货币

商代是我国最早出现金属货币的时期。商代在历史上也称为青铜时代，这说明在当时主流社会以铜为贵。金、银是后来才被使用的，所以此时出现"铜贝"就可以理解了。（商代其统治疆域不临海，所以贝壳大多为进贡之物，非常珍贵，因此在当时会被看作是一般等价物，但其易碎的特性使其无法大规模使用，因此就出现了铜制的贝壳"铜贝"。）铜贝是在青铜制作工艺基础上产生的金属货币。与此同时，人们发现了金矿，通过使用经验的积累及对其材料性质认识的加深，就出现了金贝。（图105）

图105　青铜时代金贝

　　金贝出现在青铜时代，共出土10颗。颗颗保存完好，色泽光亮，外形类似于海贝，是人们根据当时广泛流传的贝币铸造出的黄金货币，具有耐腐蚀、易携带、易分割的特点。

1. 最早的铸金币

（1）爰金

迄今为止，考古发现出土最早的金币是楚国的爰金。爰金又名"印子金"，是一块扁平状有钤印的块状金铸块。有郢爰和陈爰两种，"郢"为楚都城名，"爰"为货币重量单位。

爰金有郢爰、陈爰，经常钤印各种戳印且钤印数目不等，使用时常需要将它剪切成小碎块，称量使用。

爰金出土量极大，流布地域也较为广泛，在东周时期的流通时间较长。除了古时的楚国，与之相邻的秦、齐、韩等地也都有出土。爰金是楚王室规定的全国流通铸币，西汉时仍有使用。

（2）卢金

卢金是一个整块，表面铸有卢金小圆印记，距今已有两千五百年的历史。

卢金的出现主要是由于楚国晚期战争不断，一直迁都，社会动荡，导致币制混乱。原有的郢爰币值下降，后楚王室规定改铸卢金印记的金币继续流通。

图106 西汉金饼

　　金饼原装在山西太原东太宝汉墓中的一件铜质量器中。1961年出土，共有5枚，大小重量在210~250克之间，除一枚无文字外，其余四枚背面都刻有不规则文字。其中可辩的有"令、王、朱、吉、二"等字。此外，汉代出土金饼最多的一次是1999年西安潭家乡北十里铺村窖藏，共出土金饼219件，重量在247克左右。

（3）钣金

　　钣金即金饼，通常呈圆形。在战国时期已经作为成熟的货币使用。金饼主要为浇铸而成，表面打磨光滑，与爰金的主要区别就在于形状。钣金是圆形而爰金是扁平块状。金饼正面刻有"寅"字，背面凹陷，有裂纹状褶皱，刻有"两半"的秦小篆字样。金饼在秦汉时期依然作为货币使用。下面列出来的就是在西汉时期使用的金饼（图106）。

　　金饼在历年考古发现中主要出土于湖南长沙、衡阳，江苏铜山，河北满城的汉墓和窖藏中。

2. 最早的银铸币

　　最早在西周时期就出现了银刀布币，春秋战国时出现了银饼货币，更有在战国时期墓中出土了银贝四枚（图107）。这就说明在当时，银币与金币在战国时期存在同时流通与使用的现象。

从以上实物可以得知，早在东周时期，中国不仅流通金铸币，同时也流通银铸币。

（二）汉朝的马蹄金及金五铢

1. 马蹄金

汉朝是中国历史上使用黄金最多的时期，且货币以黄金为主。西汉时更出现了马蹄金与麟趾金这两种货币名称。

"马蹄金"与"麟趾金"名字的出现主要是源于汉武帝为了表示祥瑞的愿望，将底部为圆形的金饼称为麟趾金，底部为马蹄形的称为马蹄金。其使用源头可追溯到战国末期。但它们并不是真正的货币，而是用来赏赐、馈赠的礼物，并不用于流通领域。（图108、图109）

2. 金五铢

"五铢"是汉武帝为统一全国币制，废除秦"半两"，改用"五铢"钱。该钱主要以铜铸制，在全国范围里流通，没有币面价值，只以铢为重量计量单位，称量来进行交易。

图107　战国前期银贝
　　银贝出土于河北平山县中山王墓。其为浇铸而成，形状似贝壳，开口处呈锯齿状，大小不等，作为商品等价物使用。此是迄今发现较早的具有货币形态的银制品，使人们对银货币的认知提前了两千八百年。

图108 西汉麟趾金

　　宽1.6厘米，高3.3厘米，重65.5克。出土于河北定县中山怀王刘修墓，现藏于河北省文物研究所。金饼底部形状似兽蹄，顶部镶白色琉璃盖，盖为圆形，边部装饰掐丝贴花一圈。做工极为精美。

图109 西汉马蹄金

　　长径5.8厘米，短径4.8厘米，高3.6厘米，重273克。出土于河北定县40号墓，现藏于河北省文物研究所。金饼似马蹄状，因而又称马蹄金。中空，顶部镶琉璃盖，周边装饰一周掐丝贴花纹饰，底部有一阳文"中"字。主要是为表祥瑞而制成，所以制作异常精美，是赏赐大臣的珍贵礼物。

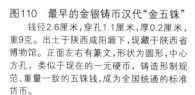

图110 最早的金银铸币汉代"金五铢"

　　钱径2.6厘米，穿孔1.1厘米，厚0.2厘米，重9克。出土于陕西咸阳塬下，现藏于陕西省博物馆。正面左右有篆文，形状为圆形，中心方孔，类似于现在的一元硬币，铸造形制规范、重量一致的五铢钱，成为全国统通的标准货币。

　　　　　"五铢"钱的外廓为圆形，中心设正方形方孔，方孔左右有篆文书"五铢"二字。这种钱制直至唐代才废止。其间除了铜制"五铢"还有一些为专门目的而制作的"金五铢"。（图110）

（三）新莽时期金错刀、金货、银货与魏晋南北朝时金银钱的使用

西汉末期，王莽得到政治权力后，进行了一系列的币制改革。主要为"五物六货二十八品"。其中包括：新铸金错刀作为流通货币，规定金货一品、银货二品。这些政策在商品经济不成熟的封建社会大大地限制了当时社会经济的发展，不仅没有改善当时的民生，反而激起更大的民愤，甚至变成一种公开的经济掠夺，导致最后改革以失败告终。至今在考古出土的文物中未发现过新莽时期的新货币，但史书上对其经济政策币制的记录以侧面说明了当时金银货币的存在。

魏晋南北朝时期也出现了较多金银币。但它们是作为地区性贸易通货使用的，具体说就是与藩邦进行大宗货品交易时使用的，有些还是从国外通过贸易流入中国的，具体可参看夏鼐先生对于流布在中国的罗马金币的研究。

（四）唐宋时期金银货币制度

隋唐时期金银货币发展越来越迅速，银货币比金货币流通性更为广泛。但是唐代金银货币最大的用途还是储值或作为礼物赏赐或是贿赂。

唐初结束了五铢钱的币制，开始了以铜为基材通宝钱制，它的形状仍为圆形方孔式，大小重量符合当时的经济状况。并出现了以银铤为结算单位的"飞钱"制度，这种制度使白银开始慢慢走上中国货币的舞台。

宋朝是我国古代经济非常发达的一个时期。这一时期，白银、铜钱、铁钱、纸钱都曾行用过。但白银的流通相对较广泛，到南宋时期国家的赋税都是以白银为结算单位进行缴纳，并最终上交国库。

宋朝时出现了金铤、金叶子、金条、银铤等不同的货币流通的补充形式。与南宋同期的金代还正式发行了法定的银铤"承安宝货"，并规定了银铤的币值，这是中国金银币中法定计量的一个里程碑。（图111~图113）

图111　宋银锭

　　长8.8厘米，腰宽4厘米、厚1.1厘米。出土于南雄大塘。其形似刀片，锭面略凹，边沿微卷如砚，有竖列砸印铭文"重拾贰两半""苏宅韩五郎"。这种银锭是当时经济交往中最主要的货币形式。

图112　宋金叶子

　　藏于温州博物馆。南宋金叶子作为货币的一种，流通性不强。主要是压模而成，用于对外贸易中。

图113　南宋金条

　　藏于浙江省历史博物馆。南宋黄金用途虽然不少，但不直接参与商业交易，作为贵金属，只要条件允许，多被贮藏，南宋金铤在中国金银货币史上占据极为重要的历史地位。

（五）元明清时期金银币发展

元代最主要的流通货币是纸币，金银转为辅助用币用于贮藏与兑换纸币。但是在民间最主要使用的是银锭，即银元宝。

明朝时期官府规定禁止民间使用金银交易，一百文以上使用"宝钞"，但是官府未能控制纸币的发行量，纸币贬值迅速，使得民间仍然私用金银交易。因而，明政府只得取消禁银令，将银元宝作为主要流通货币，所以明朝时银元宝与"宝钞"并行使用。

清朝时期政府仍将注意力放在白银上，实行银两制度。将白银铸成银钱使用，基本上大的银锭重50两，小的银锭重30两。近民国时期，币制败坏，宣统年间，将银元作为本位币，将铸币权收归国有，但最后以银本位为主的国家币制体系，在西方殖民国家操纵的"墨西哥银币"事件后，土崩瓦解。中国金属货币的时代宣告结束。

（六）墓葬中出土的金冥币

冥币通俗地来说就是传统的祭拜鬼神的祭祀品，人们常常把它称为"鬼钱"。在现代人的思维中，冥币就是可以烧掉给鬼送去的纸币。而在古代冥币，尤其是金冥币则主要是陪葬在墓主人身边，表征身份的信物。金冥币主要是出土于身份比较高的贵族、王室墓中。在已出土的古代冥币中，就有一枚北朝时期的金冥币（图114）。另外，在人墓葬中也发现过金冥币。

总之，货币是我们日常生活不可或缺的一部分，从上面一系列的货币发展过程中我们可以看出金银货币在中国历史发展中占据的重要地位。这就要求后来人更多地去研究金银货币，了解其带来的经济、文化等方面的社会变迁，以便口后更正确地使用它们。

图114　北朝金冥币

高2厘米。出土于甘肃高台县骆驼城，现藏甘肃省高台县博物馆。其呈圆形片状，纯金薄片剪制成的规则铜钱状，廓外上方分别装饰两只相向而飞的金鸟。圆片周围一圈饰有联珠纹。正面压制"口王五十"四字。金冥币造型奇特，又十分奢华，反映了北朝时期人们对于金的崇尚。

古代金银器

辨伪与鉴定

金、银作为制器、作饰、铸币的原料之一，有其自身属性的因素，也有其得天独厚的人文、地理优势。但是鉴于金银材料的贵重性不断升级以及人们对于金银器物的喜爱和需求的不断增大，一些假冒的金银器物出现在人们的生活中。那么针对这一现象，我们应该怎样鉴别真假金银器，使消费者不被不法商贩所蒙骗呢？以下将就其材料特性和市场仿制特点做简要的介绍。

一、了解金银的种类

(一) 黄金

黄金的性质稳定，色泽耐久，具有极好的延展性和耐腐蚀性。黄金一般分为赤金、成色金、清色金、混色金等几种类型。

赤金即是足金，指含金量超过99%的黄金材料。绝不是人们普遍认为的纯金，即100%的黄金。俗话说："金无足赤"，就是指这个。所谓纯金是由于现代的冶炼技术可以将金提纯到无限接近100%，但无法真正达到100%的纯度。

成色金是经过提炼的纯净度比较高的黄金，因其中含有或掺有不同的杂质矿物，包括铜、银、钯等。成色金就其原矿而言可分为砂金及山金两大类。砂金是与砂石混杂产生于冲积层的黄金，即砂矿黄金，通常产于水中。最早的砂金采自金砂江。山金产于山上，常与石英夹杂产于矿脉中。就其成品而言，可分为清色金和混色金两类。其成色我们通常用"K"来表示，24K表示的是100%的金，18K表示的是含金量为75%。

清色金为只掺有白银成分的成色金，不论其成色的高低统称为清色金。清色金由于其中金银混比的不同会产生不同的色泽。如成色在95%左右的，为赤黄色；成色在80%左右的为正黄色；成色在70%左右的为青黄色，俗称"七青、八黄、九五赤"就是指这个。

混色金是指黄金内除掺银外，还掺有铜、锌、铅、铁等其他金属的成色金。按照其中铜的含量可分为小混金和大混金两种。小混金是指成色金中含铜量不超过含杂质总量十分之一的混合金，其金铜杂质比例情况如下，

95%的成色金中含杂量为5%，杂质中的含铜量不超过0.5%。其颜色比同样的清色金色要微红些。大混金指含铜量在成色金杂质总含量中超过十分之一的成色金。如90%的成色金中杂质总含量为10%，其中含铜量超过1%。大混金按掺入铜的颜色质地又可分为红铜大混金和青铜大混金两种。红铜大混金的色泽为紫红色，经火烧后，即变成黑色。青铜大混金表皮发皱不光润。

（二）白银

现代首饰行业中用到的银主要是足银和925银。

足银，要求银的含量不得低于990‰，一般用银的英文首字母或化学元素周期表中银的符号标识为S990、Ag990。由于含银量较高，易氧化，所以常会在其表面镀一层铑或镍。足银质地越纯时，色泽亮白，熔沸点较高，硬度也比纯黄金要高些。

925银，要求银的含量不得低于925‰，其他杂质成分可以是铜或抗氧化元素，其标识为S925或Ag925。

其他银中，纹银是一种古代对成色银的称呼，后来变成清朝法定银两标准成色，纹银的成色是935.374‰。此外，"朱提银"是指云南朱提山地区产出的成色较高的银块。汉代即有此名，一直沿用到清代。

现代各地流行的"苗银"饰品其实不是纯银制作的，"苗银"的成分较为复杂，主要由银、白铜、镍等组成，含银量一般在20%~60%不等。现代流行的藏银也不是纯银，而是银、铜（白铜）合金，含银量一般在30%左右。

二、金银器材质的真假鉴别

金银器的鉴别主要分为金银材质的鉴别及金银器的制作或使用年代鉴别。

金、银材质的真假鉴别的方法分为传统鉴别及科学鉴别。

（一）传统鉴别方法

金、银的传统鉴别方法分为无损鉴别和有损鉴别两类。

1. 无损鉴别主要为看色、掂重、听音

看色即为观察金、银的色泽。黄金在强光下会发出耀眼的光芒。纯金是金黄色中略泛红；赤金若含银的偏黄色调，含铜的偏红色调。白银的色泽主要反映在碴口处，成色高的银碴口呈白色，成色低的呈黄白、灰黑色。

掂重即是看金、银在手中掂量时的承重感。黄金的密度为19.3克/立方厘米，银的密度为10.53克/立方厘米，与同体积的银相比，黄金要重许多；但是银与同体积的一般金属相比，银要重许多。所以可以用掂重法来粗略估量，在实验室中可用天平进行静水称重，以获得与密度值相同的比重值，进而断质。

听音即向硬处抛扔金、银，若是高成色的黄金碰撞会发出闷声且发现其不会发生弹起现象；若是混金则会有音律，弹力也会很大。白银听音采用与黄金相似的方法，成色

高的白银有声无韵无弹力；成色低点的声音尖锐且弹力大。不是金、银的声音愈高，弹力愈大，成色就越好。银元鉴别时通常用吹弹听音的方法，也是这个原理。

2.有损鉴别主要为看硬度、药品鉴别、火烧

看硬度即用物品在金、银上进行刻画，一般会留下凹痕的为真品，没有留下的则是假货。银的鉴别与黄金相似，高成色的用指甲也能划动，成色低的指甲划不动。

药品鉴别即是用硝酸、盐酸腐蚀金、银。黄金一般不易氧化，所以使用酸类试剂涂抹颜色不变，但是仿黄金的铜遇酸则会氧化，表面失去光泽，出现铜锈。银用硝酸、盐酸点试发现颜色会发生变化，含银量达七成的变绿，八成的变黑，九五成的变白，无反应的就不是银。

火烧就是一种在炼金是会使用的方法，同样它也可以拿来进行有损鉴别。纯金放入火中烧红后，颜色不变化；掺杂质的金烧红后冷却会变黑。

此外，还有条痕法（试金石法），实际上

是分析化学上的比色法，它可以用来测试并判定金、银的真假和成色高低。具体方法是用一块含碳质的石英、蛋白质的混合物或辉绿岩作为条痕板即试金石，它的特点是底色黑，且致密坚硬，用金、银在上面刻划后会留下有色的条痕，非金银材质不会留下金、银所具有的条痕。将这些金、银条痕的颜色和金银对牌进行对比即可鉴定出金或银的成色。这种方法在商业检测中使用较多，是金店常用的一种鉴定手段。

（二）科学鉴别方法

科学鉴别方法主要是密度法、X射线荧光光谱分析法、电子探针法和扫描电镜分析法。后三种方法都是需要利用大型仪器来检测，所以它们是大型金银珠宝质检所、检测中心等实验室中所用的精密检测方法。因而，检测时所需的时间相对较长，费用较贵，但最终结果更为精确，也较为可信。

三、金银器的年代鉴别

　　自商周以来华夏金银器饰出现后，金银制作工艺不断向前发展，近代黄金身价暴涨使得相关古代艺术品的价格行情日渐走高，一批批的仿古金银器也悄悄流入市场。在这种鱼龙混杂的情况下，古代金银器的年代鉴别要从器型、铭文、纹饰等方面来进行综合鉴定。

（一）器型

　　不同时代有各自的典型器物形制，通过对不同历史时期的金银器典型器型的整理，可以为我们对古代金银器的鉴定打下一个良好的基础。如宋代金银器物中的像生桃形器，这是其他时代所没有的器形。再如宋代发现的六边形楼阁式银塔，这也是其他时代所没有的器型。凡此种种，不胜枚举。

（二）铭文

铭文是鉴别朝代及仿古金银器的最直接的一种方式。唐以前的金银器上很少出现铭文，宋元时期有铭文的金银器逐渐增多。

朝代	典型铭文	图　示
唐	朝议大夫、使持节都督洪州诸军事、守洪州刺史兼御史中丞、充江南西道观察处置都团练、守捉及莫徭等使,赐紫金鱼袋,臣李勉奉进	
宋	"重拾贰两半""苏宅韩五郎"	
元	庚辰年萃仲置	
明	银作局洪熙元年正月内成造捌成五色金贰拾叁两盖嘴攀索全外焊壹分	

以上列出的就是典型铭文。从这张表格我们可以看出唐代金银器进奉之风盛行，所以带铭文的金银器上都会注明是哪个臣子进奉的。宋代金银器世俗化了，金银交引铺或个人就可以制器，因此上面会有铺名、人名，有时甚至会标上成色及重量的戳印。元代则会出现工匠年款的印记，因为此时出现了不少制器名匠，如朱碧山款。明代因为是为皇家制器，所以其制作地、制作时间、方法等信息都标注得很全面很规范。有了这样的了解就可以从铭文的内容、戳印、錾刻的方法中大致看出其时代。

（三）纹饰

纹饰是各朝代的金银器的典型特点。从纹饰的方面也可以八九不离十地判断出金银器的年代。下面简单介绍一下各朝主要纹饰的特点。

动物纹主要出土于战国至两汉时期草原民族的金牌饰上。摩羯纹出现于唐辽时期的金银器上。龙凤纹在各时代的特点并不相同，唐时龙主要以单个图章形式出现，图案呈对称分布，明、清时主要以二龙戏珠或龙凤成祥的纹样形式出现；唐代的凤纹与飞禽纹的形象相差不大，明代的凤形象较为凶狠，图案与飞禽纹相差较大。但是这种判断不是马上一说就能明白的，需要时间经验的积累和对博物馆实物的仔细观察才能形成，所以请大家在看的过程中不断总结和记忆，最后它才能成为我们判断时代时得心应手的利器。

四、金银器制作工艺

古代金银器辨伪与鉴定

金银器的制作工艺在各个时代有着不同的变化，但是最具有显著特征的还是先秦、汉代、唐代、宋代、清代五个时期。

先秦时期，源于青铜工艺的金银器加工工艺主要以范铸为主，纹饰多压印或铸造而成。

汉朝时金银加工工艺得到改进，范铸变少，多以锤揲、焊接法为主。纹饰多先捶打呈浮雕后，再作镌刻处理。汉时工匠已掌握溶金为珠的焊缀炸珠技术，金银器多饰以联珠纹，与联珠纹相配合的掐丝工艺也开始发展。

唐代金银加工工艺变得复杂，有锤揲、焊接、切削、抛光、铆、镀、錾刻、镂空等工艺。器物多是浇铸或锤揲成型。纹饰多为錾刻、模压、镂空或掐丝成型。立体纹饰都是焊接到器物上的。

宋代金银器工艺继承唐代工艺，但是又以浮雕凸花工艺最具特色。这项工艺唐代就已出现，宋代将其发扬光大。宋代金银器还出现了仿古纹饰，主要有回纹、云雷纹、蝇纹、弦纹、斜方格乳丁纹、蕉叶纹和兽形纹等。

清代金银器制作工艺越加丰富，包括有范铸、锤揲、焊接、镌镂、掐丝、镶底、点翠等，且能够娴熟地综合应用起凸、隐起、阴线、阳线、镂空等不同工艺技法。

以上金银工艺的运用使得金银器的表现力越加丰富，但是一些仿制品的出现，打破了金银器市场的平衡。

金银器仿品的主要特点是：选料差（多以银铜为主），制作粗。器物纹饰一般以真品

知识链接

浮雕凸花工艺：根据画面题材的主次及形态的差异，通过压印浅凸花、锤雕中凸花和雕塑半立体形高凸花三种手法表现，使画面层次分明、主题凸出、形象逼真。

纹样为模板仿制而成，制作工艺有时也会采用包括铸造、锤揲、切削、焊接、錾刻、鎏金在内的传统金银细工工艺，但是纹样细部制作较为粗劣，经不住细看，具体说要不是刻画不到位，脸部等重要部位的细节是模糊的，要不是技术处理不到位，一些细部存在毛刺等工艺缺陷。此外，过云的掐丝工艺和炸珠工艺和今天的也会有所不同。（图115）

图115

  仿唐朝狩猎纹高足银杯完全仿制了当时的手工工艺技术，仿制时主要是按照图片来仿制，完全未将大唐的辉煌盛况反映出来。人物含混不清晰，与真品相比还是有不小的差距。

古代金银器物的

交流与融合

中国古代的金银器物文化，既不完全是自生自长的自有文化，也不完全是无本无源的外来文化。它是在多民族、多地域文化融合的基础上，再经过与中亚、西亚，甚至是古希腊古罗马贵金属文化的相互交流融合而形成的文化。这样的交流融合既表现在中国版图之内的各民族文化间的交流，也表现为中国与外国的交流与融合。这就是本章要叙述和介绍的重点。

一、古金银器的区域交流与融合

（一）中国西南地区的古代金银器文化

商周时期，在西南地区的四川盆地活跃着一支古蜀文明——三星堆、金沙文化。因商代金器既少且分散，但四川地区这两处遗址出土的金器却非常丰富而且独特，且该地原住民为古蜀人，所以一般可以认为是商代少数民族金器的代表。

1. 三星堆金器

位于四川广汉三星村的"三星堆"遗址所展示出的文化，与中原地区大异其趣。这里出土的金器、陶器、青铜人物雕像等，展现出一个不同于中原文化的神灵世界。

三星堆遗址位于四川广汉市西10公里处，北临鸭子河，牧马河穿过遗址中部，1986年发现的一号、二号祭祀坑位于牧马河的东南部。这里出土了大量金、铜、玉、石、陶质遗物，有神村、神像、神鸟、人首鸟身等的各种异怪造型。其中出土金器达100件以上，有金权杖、金面罩、金叶，以及虎形、鱼形、圆形的金饰片，是商代出土金器最多的一处遗址。由于这些器物造型的神秘奇特，以及三星堆文明处在四面环山的大盆地之中，与外界沟通相当困难，在商代后期又突然离奇地消亡，所以，这些金器更显得十分神奇而珍贵。（图116）

三星堆遗址文物中的铜人头像及金面具最令人印象深刻。（图117）

这种眉眼镂空的黄金面罩的流行，可能与文献中提到的"黄金四目"的方相氏有关。

图116　商代金面罩
　　残宽21.5厘米，高11.3厘米，重10.62克。出土于三星堆遗址一号祭祀坑。金面罩双眉双眼处镂空，其余部分用纯金皮模压而成，双眉双眼皆镂空，脸部及耳朵全部贴满金皮。

图117　商代金面具
　　这一金面具为铜人上的金面罩，出土于四川广汉三星堆。该面具是用纯金模压制成，在眉、眼处镂空露出后面的青铜胎底。整个面具出土时是用漆贴合在青铜人像上，形成特殊的装饰效果。

　　方相氏是一种驱鬼的巫师，商周时期流行一种驱疫消灾的祭祀舞蹈，称为"傩"，其中就有这种巫师。金面具所反映的应是古蜀人的魂灵观念与等级观念。这个戴金面罩的青铜头像所指代的人，他的身份显然与其他头像所指代的人不同，他可能就是蜀人祭祀的祖先偶像。透过金面具文化可以隐约窥见古蜀人的崇祖意识。这是魂灵永生不死观念与原始巫术相结合的产物，表现了古蜀国的萨满文化特征。

　　三星堆还出土了一只金权杖，造型、样

古代金银器物的交流与融合

式都有别于当时中原地区的金银器。

　　从权杖的用材黄金可以看出，蜀地当时是以"杖"形物作为神权、王权的最高象征；而中原地区则是以"鼎"作为国家权力的象征。它反映古蜀与中原地区之间存在文化内涵的差异，显示出古蜀国政权的神权色彩及地域特色。（图118）

图118　商代金权杖
　　长142厘米，直径2.3厘米，净重500克。出土于四川广汉三星堆。金杖又称钺杖，是由纯金锤锻成金皮，包裹在圆木棍上，出土时木棍已腐朽无存，内侧仍残留有炭化木痕。金杖上端有一段46厘米长的镌刻图案，图案上端为两组鱼鸟，均两背相对，鱼头和鸟颈压有一穗形叶柄，其下为两个对称的人头，着五齿高冠，三角形耳饰。在金银铜器上饰动物纹饰是商周青铜文化的特色，具有巫术的色彩。

图119 商代晚期虎形金饰

　　长11.7厘米，高6.7厘米，出土于四川广汉三星堆，其昂首卷尾，腰背部下陷，整体呈扑击状，动感强烈。饰片上还压印有目形斑纹。另外还有一些细长形的金叶片，类似竹叶，上有精细的平行斜条纹，形似叶脉。动物在早期古代蜀人的人心中有着至高的神圣地位，尤其是山林之王——虎。

　　三星堆还出有一件虎形金饰，同样是用金箔模压而成。（图119）

2. 金沙金器

　　金沙遗址有可能是三星堆文明衰亡后，其余部在成都地区兴建的另一个古蜀文明遗址，或者可能是西周时期古蜀王国的都邑所在地。金沙遗址从1995年开始发现大量遗迹与遗物。遗迹单位已发现五千余处，其中特别重要的是大型房屋建筑基址、祭祀区和大型墓葬。出土的文物众多，有金器、铜器、玉石器、象骨器、漆器等几个器类共六千余件，还有数十万件陶器和陶片。这些金器及其他铜、玉、陶及象牙骨器展示出来的风貌，让我们看到了中原文化以外的另一个曾经辉煌而独特的华夏地域文明的身影，其中锤制金箔的工艺、模压金箔的工艺也成为中国金银工艺的传统之一。

成都金沙遗址出土有金器40余件。金沙与三星堆两者在造型、纹饰和风格上都有着紧密联系。在金沙出土文物中，发现一个环形金冠带，上面刻画的鱼、鸟、箭、人头图案，与三星堆出土的金杖上的图案完全相同。金冠带与金杖都是至高王权与族权的体现与代表，二者基本相同的纹饰也应具有相同的象征意义，这就反映出金沙遗址与三星堆遗址之间紧密的联系。

可以看出，三星堆文化灭亡后有一部分蜀人来到金沙，并且建立新的都邑，仍然延续三星堆时期使用的王族徽记，在文化形态上也基本一致。有关专家认为三星堆与金沙是古蜀国的两个重要顶峰。从相关出土文物及研究来看，三星堆文化的灭亡与金沙文化的兴起应该有着某种紧密的时序联系。

但是，通过对发掘出的器物的研究，人们也发现，金沙文化在继承三星堆文化的同时，也有着对自己文化的创新。在金沙遗址所出土的金器物中也发现了不少像太阳神鸟金箔片、金面具更加精美、更加生动的小型器物。这表明，金沙时期古蜀人也将聪明才智用在制造更加细致和精美的器物上，他们更善于从现实生活中去发现、创造。（图120~图122）

所以，金沙的金器是古蜀人丰富的哲学思想、宗教思想、非凡的艺术创造力与想象力与精湛工艺水平的完美结合，也是古蜀国黄金工艺辉煌成就的代表。

3. 古滇国金银器

古滇国文化是继古蜀文明之后在中国西南地区出现的另一个民族文明。历史考古发现，古滇国最早出现于公元前278年，消失于公元115年，其间经历了五百多年的时间，历经战国、秦、西汉，直到东汉初年消亡。其疆域范围涉及以滇池为中心的云南中部及东部地区。

古滇国文化最重要的遗址是1956年考古学家发现的晋宁石寨山古滇国墓葬群。石寨山东西宽200米，南北长500米，坐落在滇池岸边，远远望去，犹如一头静卧在海边的鲸鱼。墓葬群中出土了大量滇王及滇国贵族使

图120　商代金面具

高 3.7 厘米，宽 4.9 厘米，厚 0.01~0.04 厘米。出土于成都金沙遗址。其是金沙祭祀所用的神祇面具。锤揲而成，面具呈方形，上额、下颚齐平，眼部镂空，鼻呈三角形，阔口，耳部全部包金只在耳垂处镂开一个小孔。可以看出这个面具可能是祭祀巫师所戴，或者是附着在青铜人像上。

金沙所出土的金面具相对三星堆出土的面具而言较为厚重，压模不是很厚，更像是中原地区青铜人面上的装饰。

图121　商代鸟首鱼纹金带

宽2.01~2.03厘米，厚0.02厘米，长21.1~21.6厘米。出土于成都金沙遗址。两条鱼纹金带大小、尺寸相等，纹饰相同。主要经过锤揲成形。两条金带表面对称刻画两条鱼尾相对的鱼。鱼形金箔主要在祭祀中使用，有压镇水怪的作用，是祭祀法器，这体现了古蜀人对于鱼的崇拜和对于自然世界的认知。

图122　商代太阳神鸟金箔

外径12.5厘米，内径5.29厘米，厚度0.02厘米，重量20克。出土于成都金沙遗址。整个金器的外形为圆形，图案分为内外两层。内层是一个旋转的大火球，它象征着太阳，外层则是由四只逆飞的飞鸟简影构成的圆形。这件金箔中的镂空图形是模压制成，器壁极薄。该器生动地再现了远古人类"金乌负日"的神话传说，四只神鸟，代表着东南西北四个方向，围绕着旋转的太阳飞翔，周而复始，循环往复，生生不息，体现了远古人类对太阳及鸟的强烈崇拜，表达了古蜀人对生命和运动的讴歌。它是研究古蜀国宗教文化和中国古代神话传说的重要物证。金器上面的图案呈对称分布，整体看起来像今天的剪纸艺术品，但更为精美。

用的铜器、珠宝玉器，同时还出土了较多的金器。它们不仅让我们有机会去认识古滇国金银器文化的基本面貌，同时它们也是古滇国金属文化的重要组成部分。下面我们就将走入滇国金银器中，去感受他们的神秘、优美。

在石寨山发掘的86座墓葬中，有12座出土了金器，所发现的金器总数量为220件，还有一些貌似金器的鎏金铜器出土。这一现象说明，在当时能够拥有金器的只有滇王和贵族。而滇王和贵族墓中出土的金器主要有玺印、剑饰、臂甲、腕饰、发簪及衣饰和珠饰等。（图123~图127）

图123　古滇国金鞘饰

　　长24.6厘米，宽14.4厘米。出土于石寨山。其形状为梯形，錾刻制成，分三段：上端两边饰穗纹，中央饰牛头纹；中段分三节，每节饰城垛纹；下段边饰穗纹，中央饰圆圈纹和连回纹。剑鞘饰图案凸出，立体感强，有很强的地域特点。

图124 古滇国金臂甲
　　长19厘米，重418克。出土于石寨山，锤揲工艺，其形状为一开口的圆筒，一端粗，一端细，一侧开口，口边经卷圆处理，并有小长方孔，孔穿金条片装饰，器表素洁。臂甲是套于手臂上的金器，既作防护，又有装饰作用。

图125 古滇国金钏
　　金钏出土于石寨山，为腕饰。其是套在手腕上的金饰。这个金钏形呈圆筒状，器形厚重，但较短，中央凸起一道弦纹，边刻齿纹，一侧开口，器表光亮，器形美丽。

图126 古滇国金发簪、金发针
　　1.发簪柄圆而短，发端窄长不分叉，长23.3厘米，重29克。
　　2.发针长11厘米，最短。
　　3.发簪柄首圆，发端分叉长16.6厘米，重27克，发针长22厘米，最长。
　　图中所示为滇王及贵族束发用具，有发簪和发针两种。发簪柄端圆，发端长而尖。发针用金线弯曲成叉状，双叉有的并拢，有的分开。

图127 古滇国飞虎纹银带扣
　　出土于石寨山，主要为錾刻、镶嵌工艺制成。其形如长方形，正面压出飞虎纹饰，虎眼镶嵌红玛瑙，虎身镶嵌着绿松石。石寨山出土银器很少，但精品很多。

古滇国所使用的金银器加工技术颇多，主要为模铸、模压、錾刻等，下面将一一简单介绍。

（1）模铸

出土的模铸金器器物较多，如神兽、葫芦形珠饰，表面粗糙，大小相同，个别的有沙眼。模铸的方法既方便又省时，只要把模做好，就可铸出很多相同的器物。

（2）模压

用模锻压出大小规格相同、纹饰相同的器物来。这种方法可以用于器具的大规模生产。

（3）錾刻

主要用于金银器物上的装饰纹样的制作。在石寨山出土的手镯和金片上，就可以看到錾刻技术所留下的图案纹样。如圆点饰等。

（4）鎏金

主要用于青铜器制作。主要是把金和水银混合物涂于青铜器表面，经加温，水银挥发，金就粘附于青铜器表面。

（5）贴嵌（错金银或嵌技术）

就是在器物表面铸或刻成具有中空沟槽的纹饰，然后在其中嵌入宝石或其他金属片，再经打磨抛光形成一定装饰效果的制作工艺。从上面的镶绿松石的虎纹银带扣可以看出，滇人的镶嵌技术在当时已经十分高超了。

滇人制作金银器的技术在今天云南少数民族工匠中仍可见到，这不仅反映了这种技术的源远流长，还反映了这种技术的强大生命力。

3. 南诏、大理金银器

南诏是继古滇国之后在中国西南部地区兴起的另一个民族政权，它兴起于8世纪，主要由乌蛮和白蛮组成。南诏统治范围包括云南全境及贵州、四川、西藏、越南、缅甸的部分地区。由蒙舍诏首领皮罗阁在738年建立。902年郑买嗣自立为帝，改国号为大长和。937年大长和被段思平所灭，段氏遂建立大理国。

大理国的存续时间大约相当于两宋时期，以白族和彝族为主，也是一个少数民族政权。其国王原为南诏贵族，后融入白蛮成为白蛮大姓。后晋天福二年（937年），通海节度使段思平在滇东乌蛮（彝族）三十七部扶持下自立为王，改国号为大理。公元1253年，亡

图128 大理金阿嵯耶观音像

高28厘米，重113克，出土于云南大理市崇圣寺三塔千寻塔刹基相樘。其工艺特点繁多，多为铸造、修整、錾刻、研光，与唐宋中原地区佛像有很大不同。其正面立像端正不倚、眼鼻均宽、口大唇厚、高髻等特点是南诏佛像的典型特征。观音像的开脸也是按照南诏本民族人的面相制作的。

于蒙古汗忽必烈手中。大理国段氏政权割据云南315年，曾与宋发生政治、经济、文化上的联系。

南诏由于存续的时间不长，未发现典型器物，大理国的典型金银器物则是一些出自塔刹里或地宫中的佛教金银器。大理国千寻塔塔刹相樘出土的金翅鸟、金阿嵯耶观音像，大理三塔主塔塔顶出土的金佛像圆片、银佛像圆片、净水观音、漆龛金观音、银坐佛、高奉祥造铭金坐佛、金坐佛二尊、银镀金坐佛、金坐佛、银二明王、银镀金七级密檐塔模三具、五色塔、银镀金金刚杵以及金编丝饰件、双鸟交颈纹六曲圆盒等器物。这些佛和菩萨的金银造像是我国西南地区小乘佛教造像的重要遗存。这些佛和菩萨像面部安详睿智、和蔼可亲，姿态自然适中，是金银佛像的佳作。（图128）

（二）中国北方地区的金银器文化

1. 匈奴金银器

匈奴民族是北方草原地区一支古老的民族，过着逐水草而居的游牧生活。匈奴在春秋末期日渐活跃，战国时期势力逐渐强盛，占据了大漠南北。西汉初期建立中国北方地区的第一个奴隶制政权，创造了灿烂的民族文化。匈奴民族出现后，以尚武精神驰名欧亚，对中国和世界历史产生过重大影响，这在金银器的造型艺术中可得到证实。（图129、图130）

2. 鲜卑金银器

鲜卑自东汉起有史记载，魏晋时期分为拓跋、段部、慕容、宇文、秃发、乞伏等部，其中，以拓跋鲜卑和慕容鲜卑为主。拓跋鲜卑从大兴安岭北端南迁，到达今内蒙古呼和

图129　战国虎牛相斗金牌饰

　　长12.6厘米，宽7.4厘米。出土于阿鲁柴登匈奴墓，现藏于内蒙古自治区博物馆。以錾刻、抛光技术制作而成。其呈长方形，上饰四虎咬一牛图案。采取俯视角度，牛平卧，四肢伸展，四肢分前后两组分别咬住牛颈及腹，靠近牛头一组虎耳为牛角所刺穿。金牌纹样夸张变形，选取虎牛争斗的紧张场面加以表现，富有浓郁的游牧生活气息。

图130　战国金耳坠

　　长约5厘米，共重17.3克。出土于内蒙古准格尔旗西沟畔二号匈奴墓，现藏于内蒙古自治区博物馆。主要为男性耳饰。耳环部用金丝制成，下端有钮以挂坠饰。金坠饰二三件金丝叠绕而成的圆锥状体连缀而成。其中一件在两个锥状体之间穿一块绿松石，黄金与花石交相辉映，极其精美。这对耳坠采用黄金和不透明宝石中贵重的松石连缀而成，其材质高贵，工艺完善，在两千多年前的少数民族中实属难得。

浩特地区，先后建立了代和北魏政权，进而入主中原地区，迁都洛阳。在南迁过程中，社会组织由原始部落制转化为奴隶制，继而又转为封建制，其社会文化内涵发生了重大变化。慕容鲜卑主要活动于辽西地区，先后建前燕、后燕、西燕、南燕等政权，多受汉族文化的影响。

鲜卑金银器较少。东汉时期，鲜卑处于游牧阶段，金银器是在继承匈奴的基础上接受中原文化因素，器种以装饰品居多，偶见饮食器。纹饰最为常见的是以单个动物图案或由几个同样的动物组成的复合式图案，缺乏匈奴那种动物间撕咬争斗的纹样。纹饰有马、鹿、驼、野猪、神兽等。制作工艺有切削、剪、铸、锤揲、锲刻、焊珠等。魏晋时期，鲜卑由于受中原文化和西域文化的影响，装饰品仍为大宗，饮食器逐渐增多，多为素面，个别錾刻花纹。带饰上的纹饰，常见的有怪兽、瑞兽、龙、牛、马等，造型向规整化发展。（图131、图132）

鲜卑族吸收了匈奴文化、中原文化、西域文化的制作风格，创造出具有自身特色的

图131　北魏嵌玉野猪纹金带饰

　　带钩长10.8厘米,最宽6.1厘米,重113克。出土于内蒙古自治区和林格尔北魏墓。其最特别的就是铁心包金。钩、扣均以嵌宝石浅浮雕猪纹为主体图案。猪作奔跑状,腹部正中镶嵌一宝石,左右镶嵌月牙形玉石。将地纹作浮雕装饰。猪纹形象逼真,装饰精美,锤制技艺精湛,是艺术性极高的实用品,反映了鲜卑族金饰工艺的高超水平。

图132　北燕碟佛像纹金珰

　　高6.7厘米,宽7~8厘米。出土于辽宁北票县西官营子北燕冯素弗墓。其形似山形金片。一面碟压成纹,周边为锯齿和忍冬花纹带,中间是结跏趺坐于高座之上的佛像,背后有火焰状背光;另一面以细金丝穿缀圆形小金花片。这件金珰是北燕时慕容鲜卑佛教兴盛的一件标志性金饰。

金银器，符合我国魏晋南北朝时期民族大融合的历史特征，也为古代北方民族金银器的鼎盛奠定了物质基础。

3. 辽金金银器

公元916年，契丹族首领耶律阿保机统一契丹各部建立辽。从916年至1125年为金所灭，其间经历了209年的时间，辽代统治者在政治、经济、文化等方面颁布了一系列政策，实行南北面胡汉分治的政策。这一政策，使辽国迅速从一个落后的游牧民族政权变成了一个拥有自己文化的封建制国家。

辽代金银器也因此形成了自己较为独特的民族特色，金银器中以马具、带饰居多，金银器皿较少。用大量马具、带饰，标志着契丹族善于骑射的强悍性格。辽代帝王凡授大臣爵秩，也"皆赐锦袍、金带、白马、金饰鞍勒"。再如马上携带的鸡冠壶，敛尸用的面具、网络等，也都是契丹族特有之物。前期，辽代金银器深受唐文化影响，很多器型及纹样都接近唐代，如辽代金银器中出现的高足杯、高足盘等。后期明显受到宋式金银器影响，如建昌县龟山辽墓出土的二十二曲

口花式银杯，出自内蒙古巴林右旗泡子营辽
代窖藏的复瓣仰莲纹银杯、二十五瓣莲花口
银杯、八楞錾花银执壶与温碗等，这些器物
均具有宋式金银器的风格特征。当然也不排
除其中有的是由中原流入辽地的可能性。

辽代金银器物也反映了契丹本土文化与
中原文化、外域文化之间的交融。辽代的金
银工艺继承了唐代的传统，又受到了来自波
斯，以及地中海等地文化的影响，并根据本
民族的生活习性而创造了富有特色的金属工
艺品造型。例如鸡心壶、八角铜镜以及鎏金
凤冠等。辽代的工艺美术特色，是与悠远的
草原民族传统和生活习俗紧密相关的，同时
与北宋相比，辽代与西方的联系也更加密切，
辽代陈国公主与驸马墓中出土了大量金银器，
就生动地说明了这一点。

公元1115年由女真部首领完颜阿骨打灭
辽建金。金代的金银器基本承继宋代的特征，
只是在白银货币化的问题上，比宋代走得略
微超前些，出现了法定的白银货币"承安宝
货"。

4. 元代金银器

1260 年，蒙古族的大汗忽必烈建立了元朝。蒙元政权先后灭掉了金、西夏、大理和南宋，并不断向外征伐，使元朝成为中国历史上版图最大的一个朝代，这也是文化大融合的一个时期。

元代金银器包含了两个方面的因素，一方面是因袭了宋代秀美典雅的风格，另一方面则承继了辽金时期形成的北方草原民族的风格，最后这两种风格在明代汇流形成中国金银器文化的风貌特征。元朝金银器出土地点多集中在长江下游与苏皖一带，这与江南地区金银器制作业的发达密不可分。

（三）中国西部地区的金银器文化

1. 新疆发现的金银器

新疆地区因为位于丝绸之路的要道上，因此最先接受到来自中亚和西亚，甚至是古希腊罗马金银器物文化的影响，所以近几年不断能在新疆部分地区发现一些带有外域风格的金银镶宝器或焊缀金珠器。新疆作为它们的中转站，又帮助它们继续向内地走，直至将它们吸收消化成本民族文化的一部分。

2. 吐蕃发现的金银器

吐蕃是公元7至9世纪时古代藏族建立的位于青藏高原的政权，由松赞干布开始延续了两百多年的时间，是西藏历史上创立的第一个政权。

吐蕃金银器在内容范围上涵盖了吐蕃本土的金银器及其在扩张过程中所兼并的高原各部的金银器物。吐蕃王国时期，随着与中原地区不同方式的密切交流，深受汉唐文化的影响，同时与周边各国的文化交流也不断增进。金属制作工艺成为吐蕃王国一个重要的手工业门类。由吐蕃制作生产的金银器，更是经常作为向唐朝贡纳的礼品。吐蕃金银器主要受到唐朝及粟特地区金银器的影响，同时也带有自身本土的金银器制作特点。吐蕃金银器不仅种类繁多，而且制作精美，器类涉及吐蕃社会生活的各个方面，包括容器（图133）、牌饰（图134）等。

图133 吐蕃银瓶

藏于克里弗兰艺术博物馆。银瓶上部饰四鸟纹,腹部有一方印,上饰一蹲伏状似为狮子的动物。银瓶的腹部共有四组图案,似为一人面鸟身人像、一狮、二龙。其中人面鸟身像头上戴有三花宝冠,身穿交领长袍,衣襟上可以观察到饰圆形纹,身下生出两翼,足为鸟足,尾巴下垂,站立于一朵盛开的花朵之上,是一幅半人半鸟的图。

银瓶制作顺序为,首先捶摆出器物的基本形状,然后再捶出器物表面凹凸起伏的各种花纹、人物、异兽图案。在器形和纹饰基本形成之后,再在外凸的图案上錾刻出更为细腻的纹样。

图134 吐蕃金牌饰

金牌饰出土于青海都兰吐蕃墓地中,錾刻的纹饰为忍冬纹花样,以花心为中,前头伸出三片圆形或近似圆形的花瓣组成花形,其下为两条向下弯曲的双钩状叶片,成等分排列形式,然后再由这种双钩状的叶抽出枝条,组成循环往复、多种排列形式的图案。这是吐蕃金银器中普遍存在的金银器纹饰。

忍冬纹花样最先出现在唐代,后来被粟特人吸收借鉴成为粟特风格的纹饰,之后又影响了吐蕃的金银器纹饰图样。

二、古代金银器物的域外交流与融合

　　古代金银器物的域外交流与融合，其实是通过三个途径来达到的，一是通过金银工艺技术的传播与交流，二是通过金银器物的传入与交流，三是通过金银匠的流转迁徙来达到金银器文化的交流与融合。从某种程度上说，第一点的存在或多或少依赖于第三点人的因素。但由于人的因素较为复杂，资料又不全面，所以以下我们将要讨论的是金银工艺和金银器物。

（一）金银工艺技术的交流与融合

　　中国古代金银器及金银工艺其实是在其他金属工艺的基础上，通过两条路线发展而来的。一条路线是中国自有的文化，特别是多民族文化融合后，所形成的金银工艺及器物制作的传统。即使在今天中国的某些地区这些多民族文化的金银工艺传统，至今仍然传承着，如云南地区的乌铜走银工艺，藏区的金银器制造和装饰工艺等。另一条路是由西风东渐，在文化的交流和碰撞中形成的金银工艺及其制器传统。这些来自西方通过丝绸之路传入中国的捶揲、掐丝、编累及焊缀金珠等工艺，其中有些消失在历史的岁月中，有些逐渐被国人所接受，并用这些工艺手法逐渐加工出富有本土文化特色的金银器物，所以我们今天所看到的历史遗物既反映了我们祖先的聪明才智，同时也反映了他们兼收并蓄的文化胸怀。这种兼收并蓄是一个漫长的、相互影响的过程。接下来简要地介绍一下中国古代金银器中的多民族、多地域和多文化的交流融合过程。

商周时期，金银器物的出土数量很少，但是地域性特色很强。长城内外地域发现的金银器物多是纯金制成的首饰，如甘肃玉门火烧沟墓葬中发现的相当于夏代的金、银鼻饮。中原和西南地区出土的多是金箔制品，安阳殷墟发现的金箔厚度仅为0.1毫米；四川广汉三星堆和金沙遗址中出土了大量的金箔制品。

西汉时期，内蒙古准格尔西沟畔出土的"包金卧羊带饰"，卧羊腰、腹、肢、蹄等结构严谨，手法写实。羊头虽雕刻不甚精细，但神态极为生动。卧羊体态与矩形饰板巧妙吻合，手法自如，是匈奴文化的一件代表性作品。从中可明显看出受到中原文化与西域文化的影响。

三国、两晋、南北朝时期虽然是一个分裂动荡的时代，但由于统治阶层的人争相"斗富"，所以金银器物和金银装饰成为流行的风气之一。但是这时的金银器物文化中不仅有地域的差异，同时还存在着民族的差异和中西文化的交流。此时在北方草原上继匈奴而起的是鲜卑人，也创造出了自己的金银器物文化，如枝脉分叉形的金冠饰。同时这种风格一直延续到北魏、北周时期，影响到整个北朝时期的金银器风格。在西南部地区，古滇国虽然在东汉初年时灭亡，但在这段时期内其金银器文化依然存续。中原地区的东晋金银器并未像汉代那样大发展，主要以金银首饰类的装饰品为主（南京大学东晋墓中发现的金珰），容器较少见，其中很多器饰都是以前未曾见过的样式。如果说秦汉时期的中国金银器物是南北风格大融合的时期，那么这时的金银器物则是中西文化相交流的结果，在新疆地区和河西走廊的丝绸之路沿线出土了不少中亚和西亚的金银饰品，以及罗马金银币，如新疆地区出土的皇冠形镶绿松石金戒指。

辽代的金银工艺继承了唐代的传统，又受到了来自波斯，以及地中海等地文化的影响，并根据本民族的生活习性创造出富有草原特色的带錾把杯及鞍饰等器类及器型。宋元时期则是金银器物在多民族、多地域、多文化交流融合的最后阶段即本土化阶段。明清时期除了镶宝工艺和掐丝工艺的深度发展，器型和纹饰都已去除了外域文化的痕迹，形成了自有的风格。金银器文化逐渐被消化吸收为中国古老文化的一个闪光部分。

（二）金银器物的流布与传播

1. 在中国出土的外国金银货币

（1）古罗马货币

古罗马货币是由汉武帝时期，张骞出使

西域打通丝绸之路，传入中国。它是由中亚粟特人在进行商贸活动时带入中国的。

古罗马位于亚平宁半岛，它有着灿烂的文化及发达的商业，货币的比重也十分丰富。古罗马货币制造主要是用浇铸及冲压两种方式制作，操作方法简单粗糙，从而古罗马货币的大小及形状常有不对等的状况出现。

在我国宁夏固原九龙山汉唐墓地曾发现白种人的骨骼，同时发掘出了散落在墓主人头部及腰部的古罗马银币。这反映了中西方商贸、文化流通的久远历史。

（2）萨珊朝银币

萨珊朝是临近中国处于西亚的波斯的一个朝代，与唐为同一时期。它通过丝绸之路与中国进行文化、商贸上的交流。在这一时期萨珊王朝的银币也就流通至中国。萨珊银币为圆形薄片，边缘不规整，正面刻有波斯国王右侧半身像。背面中央有火焰纹及祭坛图像。萨珊银币在我国多处有出土，主要发现地有新疆乌恰、青海西宁与河南洛阳，它们大都位于丝绸之路上，可见萨珊银币也是由于中外贸易交流而流入我国的。

（3）阿拉伯金币

阿拉伯金币曾流入中国。早期阿拉伯金币的铸币形式仿制拜占庭金币及萨珊银币，正面常有人物头像，铭文为希腊文或拉丁文或阿拉伯文。后来，在回教第五任教主手中更改了铸币形式，不允许人或动物头像出现在金币上，只允许使用阿拉伯文铭文。

在考古发现中，最早的是西安唐墓出土的三枚阿拉伯金币。

2. 在中国出土的外国金银器物

自丝绸之路打开后，一直不断有各种金银器物通过陆上丝绸之路，或者海上丝绸之路，到达中国。它们异样的造型、奇怪的纹饰以及特殊的肌理效果一时吸收了不少好奇之人的眼光。比如当时通过丝绸之路传入中国的罗马金币，由于其样式好看，有人在它上面打孔，把它当做一种坠链来佩戴。也有一些具有少数民族血统的人对这些外来的金银首饰爱不释手，如北朝冯素拂夫妇墓葬中出土的几件具有异域风情的金银器就是明证。（见图76）在爱不释手的同时，也引起了人们为了得到而仿造的愿望，这个愿望的出现必然会拉动当时国内金银工艺技术的发展，因此通过金银器物的流布和传播，不仅传播了中亚、西亚的审美观念，也促进了金银工匠的流动和金银工艺技术的传播。在不断互动的过程中，中国人通过自己特有的方式和兼容并蓄的风格，把外来文化逐渐纳入自有的文化体系中，并用自己喜闻乐见的方式再次表现出来。最最终完成了金银器文化的本土化过程。

图片来源

图片20、21、26、30、34、57、67、68、72、73来自湖南省博物馆《湖南宋元窖藏金银器发现与研究》（文物出版社，2009年3月）

图片55来自扬之水《奢华之色》卷三（中华书局，2010年）

图片100、119、123、124、125、126、127来自肖明华《滇池畔的青铜文明——滇王及其贵族墓》（天津古籍出版社，2008年1月）

图片2、3、6、7、8、12、13、19、23、24、25、27、28、41、43、52、60、61、62、65、66、80、90、91、92、93、94、95、114、116、117、118、120、121、122、129、130、131、132来自卢琼《精美金银青铜器》（新世界出版社，2009年4月）

图片40、48、49、81、82、110来自申秦雁《精美绝伦的金银器》（陕西人民出版社，2006年6月）

图片53、54、71、133、134来自霍巍《土鲁系统金银器研究》（《考古学报》）

图片31、59、64、70、76、86、89来自方东、胡湘燕《中国古金银器收藏鉴赏百问百答》（中国轻工业出版社，2008年3月）

图片5、14、18、29、32、56、83、84、87、96、97、102、105、128来自杨伯达主编《中国金银玻璃珐琅器全集》（河北美术出版社，2004年12月）

图片1、11、15、17、22、39、44、50、51、74、75、88、98、99、103、106、107、108、109来自贺云翱《中国金银器鉴赏图典》（上海辞书出版社出版，2008年1月）

参考文献

贺云翱：《中国金银器鉴赏图典》上海辞书出版社出版，2008年1月。

邵磊编著：《我爱收藏·金银器收藏知识三十讲》，荣宝斋出版社，2008年8月。

王汉卿编著：《金属装饰艺术教程》，中国纺织出版社，2004年1月。

后记

在中国历史上,黄金和白银虽然没有像石器、陶器、青铜器和铁器那样,对社会发展产生划时代的推动作用,但它们作为自然材料,一经被认识和利用,就始终与人类的社会生活紧密相随,从未衰落。在人类社会的发展进步过程中, 它们也随着人类社会的发展不断被赋予新的文化意义和使用功能。因此,黄金和白银遗物,虽然从未成为某一时代的标志性器类,但却是历代研究中"永恒"的题材。

金银器文化是个发展的、历史的范畴,具有包容性和历史性;除了时代差异外,还存在着地域与民族的差异性。在连绵几千年中,由华夏民族为主体的各民族金银器文化和各地域金银器文化及外域文化不断地交流、渗透、竞争和融合。从这个意义上说,中国金银器文化的发展是具体的、历史的,又是由多地域、多民族、多层次的各时期金银文化节点组成的立体网络。

了解中国金银器文化的状况,是要学习其中的精华,发扬金银器文化中的优良工艺传统,为现代化建设服务。今天中国正处在文化建设的新时期,了解过去的优秀文化,正是创造未来新文化的基础。这对于增强民族凝聚力,提高民族自尊心,有着极为重要的意义。让读者朋友们了解中国古代金银器文化的基本知识，了解古金银器文化的发展脉落和辉煌成就，认识古金银器文化的特殊性及其在中西文化交流中的作用，为了解中西方文化差异和建设具有中国特色的社会主义新文化事业打下基础。这是本书的编写宗旨。对于文化层次较高的成年读者以及专家来说，希望本书能在某些方面为其提供有益的借鉴和参考。

本书的主要内容是围绕人们对金银材料认识的深入而展开，从最初古人对金银材料性质的认识开始，到对金银矿的矿苗判断及对其冶炼知识的经验积累，再到对金银材料加工方法的交流和总结，最后到利用这些工艺将金、银材料制成各种不同的成品，如金银茶盏、金银首饰、金银铤锭等。由于金银材料本身的贵重属性及金银器的不同器用，在它们进入社会系统后就具有了一定的社会文化功能，如社会礼俗功能、货币经济功能。这是除铜以外的其他金属材料所不会具有的性质和功能。本书的重点是介绍中国古代金银器的基本知识、发展简史和不同用途与功能。本书的特色是从民族文化、地域文化和中西文化交流的角度多层次多功能地来看中国金银器的发展简史。

本书分为十个部分，第一部分为金银材料的基本性质，第二部分为金银材料的发现与利用，第三部分为金银材料的制作与工艺，第四部分为金银器物的功能与分类，第五至第八部分为不同类别的金银器的简史及赏析，第九部分为古代金银器的辨伪与鉴定，第十部分为古代金银器物的交流与影响。其中第五至第八部分因为篇幅原因，只能列举有一定文化意义和功能的金银器类进行分析，以便于读者朋友们在较短时间能对中国古代金银器物的辉煌历史有所了解。

　　本书在行文时以图片和文字穿插混排的方式进行主体叙述，一些基础的知识则通过知识链接的方式进行说明。此外，为了增加本书的可读性，同时也为了增强读者的鉴赏能力，在每一幅金银器物图片下面还有一些关于器物本身的详细说明，可以让读者详细地了解某件金银器的器型、纹样、工艺的特征，以便增强读者的感性认识。此外，也希望本书能抛砖引玉，引起大家对金银器的爱好。